Zusammenarbeit im Betrieb für Industriemeister

Grundlegende Qualifikationen

Band 4

von

Marcus Maußner

und

Peter Vollmar

3. Auflage 2020

Verlagshaus Zitzmann, Nürnberg

Im Verlagshaus Zitzmann sind erschienen / werden erscheinen:
(Stand 06/2020)

Ausbildereignungsprüfung gem. AEVO:
Ausbildereignungsprüfung Lehrbuch
Ausbildereignungsprüfung Übungsbuch
Gesetzessammlung Ausbildereignungsprüfung gem. AEVO

Industriemeister Grundlegende Qualifikationen:
Gesetzessammlung Industriemeister GQ
Industriemeister Band 1 Rechtsbewusstes Handeln
Industriemeister Band 2 Betriebswirtschaftliches Handeln
Industriemeister Band 3 Methoden der Planung
Industriemeister Band 4 Zusammenarbeit im Betrieb
Industriemeister Band 5 Naturwissenschaftliche und technische Gesetzmäßigkeiten
Industriemeister Rechtsbewusstes Handeln – Prüfungsvorbereitung
Industriemeister Betriebswirtschaftliches Handeln – Prüfungsvorbereitung
Industriemeister Kosten- und Leistungsrechnung – Prüfungsvorbereitung
Industriemeister Zusammenarbeit im Betrieb – Prüfungsvorbereitung
Industriemeister NTG – Prüfungsvorbereitung

Meister für Schutz und Sicherheit Handlungsspezifische Qualifikationen:
Gesetzessammlung Meister für Schutz und Sicherheit HQ
Handlungsspezifische Qualifikationen Band 1 Schutz- und Sicherheitstechnik
Handlungsspezifische Qualifikationen Band 2 Organisation
Handlungsspezifische Qualifikationen Band 3 Führung und Personal
Sonderband: Sicherheitskonzepte

Fachkraft / Servicekraft für Schutz und Sicherheit:
Gesetzessammlung, Band 1 – 4

Geprüfte Schutz und Sicherheitskraft:
Gesetzessammlung, Lehrbuch und Prüfungsvorbereitung

Sonstiges:
Lexika für Sicherheitsmitarbeiter, u. a. Russisch, Türkisch, Englisch
Lehrbuch Waffensachkundeprüfung
Arbeitsrecht in der privaten Sicherheit
Detektiv im Einzelhandel
Verbandbuch
Toto – der nächste Einsatz kommt bestimmt!
Protect you & me – Wie Du sicher durchs Leben gehst und Dich und Deine Freunde schützt

Weitere Titel finden Sie unter www.verlagshaus-zitzmann.de

Weitere Bücher zum Thema Sicherheit sind in Vorbereitung.

Aktuelle Informationen erhalten Sie unter:
Internet: www.verlagshaus-zitzmann.de
Facebook: www.facebook.com/verlagshauszitzmann
Twitter: twitter.com/vh_zitzmann

Marcus Maußner, Jahrgang 1963, ist Master of Arts und seit 1991 in der Erwachsenenbildung tätig. Er arbeitet als freiberuflicher Dozent, Trainer und Autor und ist Mitglied verschiedener Prüfungsausschüsse der gewerblichen und kaufmännischen Weiterbildung.

Peter Vollmar, Jahrgang 1966, ist Betriebswirt, Meister für Schutz und Sicherheit und arbeitet als Personalleiter eines mittelständischen Unternehmens. Nebenberuflich ist er als Dozent in der Erwachsenenbildung tätig.

Bibliographische Informationen der Deutschen Nationalbibliothek:
Die Deutsche Nationalbibliothek verzeichnet diese Publikation in der Deutschen Nationalbibliographie. Detaillierte bibliographische Daten sind im Internet unter http://dnb.d-nb.de abrufbar.

ISBN 978-3-96155-150-7

Haftungsausschluss:

Die Auswahl der Inhalte erfolgte mit großer Sorgfalt. Trotzdem kann nicht ausgeschlossen werden, dass in Prüfungen Inhalte Thema sein können, die nicht in diesem Buch aufgeführt sind.
Der Verlag schließt für etwaige daraus resultierende Schäden (Nichtbestehen einer Prüfung o. ä.) hiermit ausdrücklich jede Haftung aus, es sei denn, dass der Schaden aufgrund von Vorsatz oder grober Fahrlässigkeit eingetreten ist.

Sollten Sie Punkte vermissen oder sonstige Anregungen an uns haben, würden wir uns freuen, wenn Sie uns dies mitteilen.

Aufgrund der besseren Lesbarkeit wird in den Texten der Einfachheit halber nur die männliche Form verwendet. Die weibliche und diverse Form sind selbstverständlich immer mit eingeschlossen.

Das Werk einschließlich aller seiner Teile ist urheberrechtlich geschützt. Jede nicht ausdrücklich vom Urheberrechtsgesetz zugelassene Verwertung bedarf der vorherigen Zustimmung des Verlages. Das gilt insbesondere für Vervielfältigungen, Mikroverfilmungen, Übersetzungen und Digitalisierungen zum Einspeichern und Verarbeiten in elektronischen Systemen.

© 2020 Verlagshaus Zitzmann
Jörg Zitzmann, Äußere Sulzbacher Str. 37, 90491 Nürnberg
www.verlagshaus-zitzmann.de
info@verlagshaus-zitzmann.de
Tel: 0911/20555944

Satz & Layout: Ingrid Lehmann
Umschlagmotiv: © deagreez – stock.adobe.com
Druck und Bindung: D.O.S. Document Office Solutions GmbH, Tutzing
Gedruckt in Deutschland

Inhaltsverzeichnis   Seite

	Vorwort	7
	Abkürzungsverzeichnis	8
1.	**Persönliche und berufliche Entwicklung**	**9**
1.1	Zusammenhang zwischen der Persönlichkeitsentwicklung und der beruflichen Entwicklung	9
1.2	Selbstwertgefühl und Selbstzweifel	11
1.3	Der Mensch als Individual- und als Sozialwesen	13
1.4	Phasen der menschlichen Entwicklung	15
1.5	Sozialverhalten	16
1.6	Soziale Normen und Sozialisation	18
1.7	Lernen	19
1.8	Besondere Mitarbeitergruppen	21
1.8.1	Arbeitnehmer mit Migrationshintergrund	21
1.8.2	Weibliche Beschäftigte	23
1.8.3	Ältere Mitarbeiter	24
1.8.4	Auszubildende / Jugendliche	26
1.8.5	Schwerbehinderte Mitarbeiter	27
2.	**Rahmenbedingungen erfolgreicher Arbeit**	**29**
2.1	Unternehmensphilosophie und Unternehmenskultur	30
2.2	Leistungsverhalten, Leistungsfähigkeit und Leistungsbereitschaft	32
2.3	Förderung der Motivation	34
2.4	Die Theorien von Maslow und Herzberg	36
2.5	Gestaltung der Arbeitsorganisation	40
2.5.1	Ergonomie	40
2.5.2	Arbeitsorganisation und –strukturierung	41
2.6	Teamarbeit und ‚Teilautonome Arbeitsgruppen'	47
3.	**Gruppenstrukturen und Gruppenverhalten**	**48**
3.1	Aufbau und Entwicklung von Gruppen	48
3.1.1	Homogene und heterogene Gruppen	49
3.1.2	Formelle Gruppen	49
3.1.3	Informelle Gruppen	50
3.1.4	Auswirkung informeller Gruppen auf die formelle Gruppenstruktur	54
3.1.5	Weitere Grundbegriffe aus der Soziologie	54
3.1.6	Gruppendynamik	57
3.2	Gruppenarbeit im Betrieb	60
3.2.1	Grundsätze für die Zusammensetzung betrieblicher Arbeitsgruppen	60
3.2.2	Einfluss des Vorgesetzten auf die Gruppe	61
3.2.3	Human-Resource-Ansatz	62
3.2.4	Behandlung und Beeinflussung von Gruppen im Betrieb - Zusammenfassung	63

4.	**Führungsgrundsätze und Führungsstile**	**64**
4.1	Rolle der „mittleren" Führungskraft	64
4.2	Das ‚Führungs-Gitter' (Managerial Grid)	65
4.3	Der Management-Regelkreis	67
4.4	Betriebsklima	70
4.5	Führung im Verantwortungsbereich des Vorgesetzten	70
4.6	Formen der Autorität	71
4.7	Führungsstile	72
4.8	Handlungskompetenz	73
5.	**Führungsmethoden und -techniken**	**75**
5.1	Personelle Maßnahmen	76
5.1.1	Arbeitsplanung	77
5.1.2	Arbeitsanweisungen / Weisungsformen	78
5.2	Delegierung von Aufgaben	80
5.3	Arbeitskontrolle	82
5.4	Qualifizierung der Mitarbeiter	84
5.5	Mitarbeiterbeurteilung	87
5.5.1	Formen der Anerkennung	88
5.5.2	Formen der Kritik	89
5.5.3	Beurteilungen	90
5.5.3.1	Typische Beurteilungsfehler	93
5.5.3.2	Das Beurteilungsgespräch	96
5.6	Arbeitszeugnisse	97
5.7	Beeinflussung von Fehlzeiten und Fluktuation	100
5.8	Einführung neuer Mitarbeiter	101
5.9	Unterweisung nach der „Vier-Stufen-Methode"	102
5.10	Urlaubsplanung	103
6.	**Konfliktmanagement und Kommunikation**	**105**
6.1	Betriebliche Probleme und soziale Konflikte	105
6.1.1	Konfliktarten	106
6.1.2	Konfliktursachen	107
6.2	Konflikt- und Beschwerdemanagement	109
6.2.1	Beschwerden	110
6.2.2	Strategien zur Konfliktlösung	111
6.3	Mitarbeitergespräche	112
6.4	Betriebliche Besprechungen (Meetings)	117

Anhang
A	Quellenverzeichnis der Tabellen und Abbildungen	119
B	Literaturverzeichnis	121

Vorwort zur 3. Auflage 2020

Ein Fachbuch, das den Anspruch erhebt, zugleich ein prüfungsorientiertes Lehrbuch zu sein, muss sich aus unserer Sicht an vier Kriterien messen lassen:

- Es muss inhaltlich mit dem DIHK-Rahmenplan des Prüfungsfaches abgestimmt sein.
- Es muss Schwerpunkte setzen, die den DIHK-Prüfungen der letzten Jahre entsprechen.
- Es muss verständlich geschrieben, sprachlich der Zielgruppe angepasst und zum Einsatz im Unterricht geeignet sein.
- Es muss Beispiele und Veranschaulichungen enthalten, die zum leichteren Verständnis beitragen und eine Brücke zur beruflichen Praxis schaffen.

Als langjährige Dozenten und Prüfer im Rahmen der IHK-Fortbildungen sind wir über das, was der Medienmarkt zum Thema „Zusammenarbeit im Betrieb" hergibt, nicht glücklich. In keinem der auf dem Markt befindlichen Werke finden wir alle vier der oben genannten Zielkriterien verwirklicht.

Das Lehrbuch Zusammenarbeit im Betrieb wird von vielen Bildungsträgern (darunter auch IHKs) für den Unterricht verwendet. Unser Anspruch als Autoren ist es, das Buch klar zu formulieren und prüfungsbezogen zu gestalten.

Natürlich haben auch wir die Weisheit nicht gepachtet. Daher sind Anregungen, Verbesserungen und konstruktive Kritik an den Verlag stets willkommen.

Aufgrund der besseren Lesbarkeit wird in den Texten der Einfachheit halber nur die männliche Form verwendet. Die weibliche und diverse Form sind selbstverständlich immer mit eingeschlossen.

Autoren und Verlag sind sicher, keine Urheberrechte verletzt zu haben. Sie respektieren das geistige Eigentum anderer Autoren und die Rechte anderer Verlage. Im Zeitalter der globalen Information ist es im Rahmen der im Internet frei zugänglichen Quellen jedoch leider nicht immer möglich, Urheberrechte klar nachzuvollziehen. Daher bitten wir um Nachricht, falls solche Rechte unabsichtlich verletzt worden sein sollten.

Eckental/Nürnberg, im Mai 2020

Marcus Maußner
Peter Vollmar

Abkürzungsverzeichnis

Abb	Abbildung
AEVO	Ausbildereinungsverordnung
AGG	Allgemeines Gleichbehandlungsgesetz
BBiG	Berufsbildungsgesetz
BetrVG	Betriebsverfassungsgesetz
BGB	Bürgerliches Gesetzbuch
BUrlG	BundesurlaubsG
f	folgend
ff	fortfolgend
GG	Grundgesetz

1. Persönliche und berufliche Entwicklung

(Im Rahmenplan: Beurteilen und Fördern der beruflichen Entwicklung des Einzelnen unter Beachtung des bisherigen Berufsweges und unter Berücksichtigung persönlicher und sozialer Gegebenheiten)

1.1 Zusammenhang zwischen der Persönlichkeitsentwicklung und der beruflichen Entwicklung

Die Berufswahl ist für junge Menschen in den letzten Jahren nicht einfacher geworden. Aus einer Vielzahl von Möglichkeiten gilt es, denjenigen Beruf zu finden, der mit den eigenen Interessen, den bisher gezeigten schulischen Leistungen und mit der eigenen Persönlichkeit am besten zu harmonieren scheint.

Die meisten Menschen sehen Arbeit nicht nur als bloße Existenzabsicherung, sondern wünschen sich, im Beruf Anerkennung, Entwicklungsmöglichkeiten, Sicherheit und persönliche Entfaltung zu finden. Sie möchten also gerne Ihre persönliche Entwicklung mit der beruflichen Entwicklung in Einklang bringen.

Im Volksmund heißt es: "Man lernt nie aus". Dies ist tatsächlich richtig, denn das **lebenslange Lernen** ist eine wichtige Grundlage für persönlichen, gesellschaftlichen und beruflichen Erfolg:

- Persönlicher Erfolg: z.B. Hobbys, Wunschurlaub, Partnerschaft, Familiengründung, Hausbau...

- Gesellschaftlicher Erfolg: z.B. Rolle im Verein, Freundeskreis, Nachbarschaft, Gemeinderat...

- Beruflicher Erfolg: z.B. Wunschberuf, Aufstieg, Führungsrolle, gutes Gehalt, Sicherheit...

Die Persönlichkeitsentwicklung eines Menschen beginnt bereits im Säuglingsalter, wird durch Eltern und Erzieher geprägt und später durch Lehrer, Ausbilder, Freunde sowie Vorgesetzte und Kollegen im Betrieb maßgeblich beeinflusst.

Betrachten wir den Zusammenhang zwischen persönlicher und beruflicher Entwicklung anhand zweier (frei erfundener) Beispiele:

Persönliche und berufliche Entwicklung, 1.1

Tab. 1 - Persönliche und berufliche Entwicklung – zwei Beispiele

Frau Annett X.	Meisterin für Schutz und Sicherheit, geb. 1980
1986-98	Schulen in Leipzig, Mittlere Reife, Ausbildung zur Chemiewerkerin (nach einem Jahr abgebrochen)
1998-2003	Umzug nach München, Ausbildung zur Köchin, danach 2 Jahre in einem Hotel tätig
2003-2009	2002 Heirat und anschließend Erziehung von zwei Kindern, Umzug nach Bochum
seit 2010	Arbeit im Sicherheitsgewerbe, 2013 Fachkraft, 2015 Meisterin
2014	Wahl zur ehrenamtlichen Stadträtin ihres Wohnortes
Aussage (2017):	„Ich komme überall zurecht – es geht immer irgendwie weiter, wenn man an sich arbeitet."

Herr Jürgen Z.	Chemielaborant, geb. 1980
1986-99	Schulen in Köln, Mittlere Reife – Ausbildung zum Chemielaboranten in Köln mit gutem Abschluss
1999-2014	15 Jahre Arbeit in einem Pharma-Unternehmen bei Köln – Insolvenz der Firma 2014, Verlust des Arbeitsplatzes
2001-11	2001 Heirat – auf seinen Wunsch keine Kinder – Scheidung 2011
seit 2014	Arbeitsuchend – mehrere Angebote lehnt er ab, weil sie zu weit entfernt vom Heimatort liegen
Aussage (2017):	„Meine Frau hat mich beruflich nie unterstützt. Im Job lief alles super, bis die Firma Pleite ging. Die Arbeitsagentur ist unfähig! Was soll ich denn jetzt machen?"

Man muss kein Soziologe oder Psychologe sein, um aus diesen Lebensläufen Indizien für einen Zusammenhang zwischen persönlicher und beruflicher Entwicklung abzuleiten.

Wie sehen Sie diesen Zusammenhang?

1.2 Selbstwertgefühl und Selbstzweifel

Erfolge und Misserfolge sind besonders in der Jugend, aber auch später prägend für das **Selbstwertgefühl** eines Menschen.

Ist das Selbstwertgefühl aus irgendeinem Grund bedroht oder verletzt, können **Selbstzweifel** und damit verbundene **Abwehrmechanismen** die Folge sein. Zu den wichtigsten Quellen, aus denen sich das menschliche Selbstwertgefühl „speist", gehören:

Abb. 1 - Selbstwertgefühl des Menschen

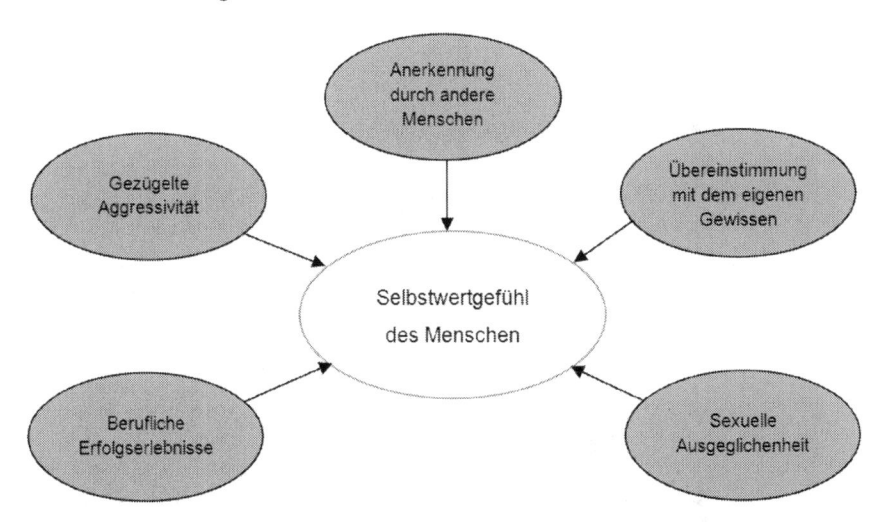

```
                    Anerkennung
                    durch andere
                      Menschen

    Gezügelte                        Übereinstimmung
    Aggressivität                    mit dem eigenen
                                         Gewissen

                    Selbstwertgefühl
                      des Menschen

    Berufliche                          Sexuelle
    Erfolgserlebnisse                Ausgeglichenheit
```

Erläuterung dieser Grafik:

- **Anerkennung durch andere Menschen**
  Ein stabiler Freundeskreis, in dem man sich anerkannt fühlt, fördert in der Regel das Selbstwertgefühl, ebenso die Gründung einer dauerhaften Partnerschaft oder einer eigenen Familie.

- **Übereinstimmung mit dem eigenen Gewissen**
  Das Gewissen ist das „Innerste" des Menschen. Wenn man das, was man beruflich und privat tut, für gut und richtig empfindet, stärkt dies das Selbstwertgefühl. Wer hingegen z.B. beruflich Dinge tun oder umsetzen muss, die er für falsch oder gar unmoralisch hält (z.B. einen Kunden belügen), kann dies auf Dauer zu Selbstzweifeln führen.

Persönliche und berufliche Entwicklung, 1.2

- **Sexuelle Ausgeglichenheit**
  Wer im sexuellen Bereich Misserfolge hat (z.B. keinen Partner findet), die Bedürfnisse des Partners nicht befriedigen kann oder stetig frustriert wird, weil ihre/seine Bedürfnisse vom Partner nicht befriedigt werden, wird fast sicher Frustrationen und Selbstzweifel entwickeln. Im Umkehrschluss ist ein ausgeglichenes Sexualleben für die meisten Menschen eine Quelle von Selbstsicherheit und Zufriedenheit.

- **Berufliche Erfolgserlebnisse**
  Menschen, die im Beruf eine gewisse Erfüllung finden und deren Leistungen anerkannt werden, verfügen meist über ein weit größeres Selbstwertgefühl als solche, denen das nicht gelingt. Wer beruflich öfters scheitert (z.b. bei Beförderungen übergangen wird), entwickelt meist Selbstzweifel an seinen Fähigkeiten.

- **Gezügelte Aggressivität**
  Der Mensch ist ein recht aggressives Wesen – den Beweis für diese Behauptung kann man fast täglich im Straßenverkehr erleben. Die Gesellschaft (konkret: die Familie, die Freunde, die Kollegen im Betrieb) erwarten, dass ein Mensch seine Aggressionen zügeln kann. Wer es nicht schafft, seine natürlichen Aggressionen in den Griff zu bekommen, kann privat wie beruflich schnell scheitern. Dies kann wiederum zu Selbstzweifeln und/oder zu Abwehrmechanismen führen – leider aber auch zu einer Erhöhung der Aggression.

Ist eine dieser Quellen des Selbstwertgefühls dauerhaft gestört, kommt es zu meist unbewussten Abwehrmechanismen, die im Folgenden beispielhaft beschrieben werden sollen:

1. Kompensation: Ein Mitarbeiter fühlt sich im Unternehmen unterfordert und sieht kaum Möglichkeiten einer Verbesserung. Er beschränkt sich immer mehr auf "Dienst nach Vorschrift" und engagiert sich stattdessen stark in seinem Basketballclub, dessen Vorsitzender er wird.

2. Konversion: Ein Mitarbeiter hat viel Zeit und Energie in ein betriebliches Projekt eingebracht. Nachdem er sein Konzept dem Vorgesetzten präsentiert hat, lehnt es dieser ohne stichhaltige Begründung ab. Daraufhin meldet sich der Mitarbeiter krank. Dies bezeichnet man auch als „Rückzug in die Krankheit".

3. Resignation: Ein Mitarbeiter wird bei der Beförderung zum Schichtführer übergangen, obwohl er seit langem mit großem persönlichen Einsatz darauf hingearbeitet hat. Er gibt auf, zieht sich zurück und lässt keinerlei berufliches oder privates Engagement mehr erkennen.

4. Aggression: Ein Mitarbeiter empfindet die tägliche Arbeitsverteilung als unfair. Andere Kollegen bekommen die interessanten Aufgaben, er selbst wird jedoch nur zu zweitrangigen Arbeiten eingesetzt. Er reagiert zunehmend ungehalten, stört Besprechungen und macht „die anderen" für sein Scheitern verantwortlich.

5. Regression: Ein Mitarbeiter hat bemerkt, dass er unangenehmen Arbeiten ausweichen kann, indem er sich „dumm stellt" und behauptet, er könne das nicht. Dies ist ein Rückfall in kindliche Verhaltensweisen („ein anderer wird es schon für mich richten").

Anhand der dargestellten Beispiele soll klarwerden, warum sich ein guter Vorgesetzter einen Überblick über das Selbstwertgefühl seiner Mitarbeiter und dessen evtl. Störungen verschaffen muss. Als Vorgesetzter muss man seine Mitarbeiter als Individuen betrachten und sich z.B. folgende Fragen stellen:

- *Woran könnte es liegen, dass sich Mitarbeiterin A. in letzter Zeit immer mehr zurückzieht?*
- *Woran könnte es liegen, dass Mitarbeiter B. in letzter Zeit so aggressiv auftritt?*
-
    Woran könnte es liegen, dass Mitarbeiter C. nur noch an seinen Fußball-Fanclub denkt?
- *Woran könnte es liegen, dass Mitarbeiterin D. plötzlich jeder Mehrarbeit aus dem Weg geht?*
- *Woran könnte es liegen, dass Mitarbeiter E. in letzter Zeit völlig abgespannt wirkt?*

1.3 Der Mensch als Individual- und als Sozialwesen

Einerseits ist der Mensch durch seine Erbanlagen definiert. Diese bestimmen einen großen Teil seiner Entwicklungsabläufe und machen jeden Menschen zu einem einzigartigen Individuum. Selbst bei eineiigen Zwillingen gibt es Unterschiede – so etwa beim Fingerabdruck.

Andererseits wird der Mensch auch durch sein soziales Umfeld geprägt. Vor allem in der Kindheit und Jugend werden die Weichen für die Persönlichkeitsentwicklung des Menschen gestellt. Elternhaus und Freundeskreis, aber auch Lehrer und Ausbilder beeinflussen unsere Persönlichkeit durch ihr (positives oder negatives) Vorbild.

Abb. 2 - Einflüsse von Anlagen und Umwelt auf die menchliche Entwicklung

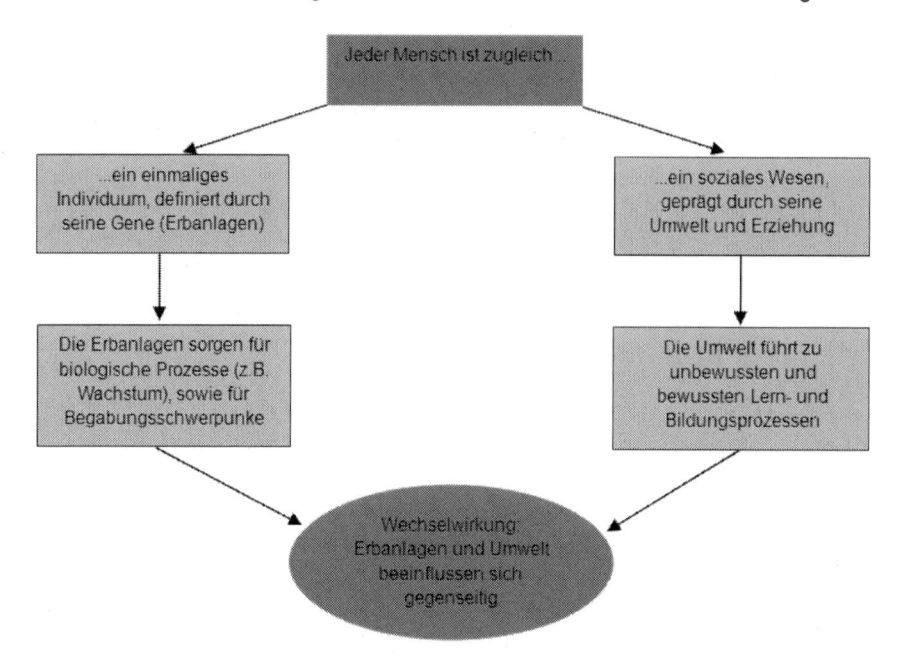

```
                    ┌─────────────────────────┐
                    │ Jeder Mensch ist zugleich...│
                    └─────────────────────────┘
                         /              \
        ┌──────────────────────┐   ┌──────────────────────┐
        │ ...ein einmaliges    │   │ ...ein soziales Wesen,│
        │ Individuum, definiert│   │ geprägt durch seine  │
        │ durch seine Gene     │   │ Umwelt und Erziehung │
        │ (Erbanlagen)         │   │                      │
        └──────────────────────┘   └──────────────────────┘
                  │                           │
        ┌──────────────────────┐   ┌──────────────────────┐
        │ Die Erbanlagen sorgen│   │ Die Umwelt führt zu  │
        │ für biologische      │   │ unbewussten und      │
        │ Prozesse (z.B.       │   │ bewussten Lern- und  │
        │ Wachstum), sowie für │   │ Bildungsprozessen    │
        │ Begabungsschwerpunke │   │                      │
        └──────────────────────┘   └──────────────────────┘
                         \              /
                    ┌─────────────────────────┐
                    │ Wechselwirkung:         │
                    │ Erbanlagen und Umwelt   │
                    │ beeinflussen sich       │
                    │ gegenseitig             │
                    └─────────────────────────┘
```

Dazu zwei Beispiele:

- *Wer einem dreijährigen Kind das Gitarrespielen beibringen will, wird scheitern. Die Erbanlagen sind noch nicht genug entwickelt, so dass auch der beste Gitarrenlehrer (Umwelt) nichts bewirken wird.*
- *Wer einen Siebenjährigen, der über große musikalische Begabung verfügt (Erbanlagen), nicht durch gezielten Musikunterricht fördert (Umwelt), wird wohl keinen zweiten Beethoven hervorbringen.*

Die Persönlichkeitsentwicklung des Menschen wird also durch die oben dargestellte gegenseitige Wechselwirkung beider Faktoren von **Erbanlagen und Umwelt** definiert.

Die spätere berufliche Entwicklung ist häufig ein mittelbares Ergebnis solcher Wechselwirkungen, die sich vor allem in der Kindheit und Jugend vollziehen.

Bei manchen jungen Menschen richtet sich die Berufswahl allerdings nicht nur nach der Begabung, sondern auch nach den späteren beruflichen Perspektiven), den Vorstellungen der Eltern oder der Anerkennung eines Berufes im Kreis der Freunde.

1.4 Phasen der menschlichen Entwicklung

Die individuelle und soziale Entwicklung des Menschen vollzieht sich in typischen Phasen. Solche Phasen sind nach dem Lebensalter gegliedert und zeigen lediglich statistische Mittelwerte an, die aber für den Großteil aller berufstätigen Menschen durchaus aussagefähig sind. In der folgenden Tabelle werden nur diejenigen Phasen der menschlichen Entwicklung angezeigt, welche auch beruflich bedeutsam sind:

Tab. 2 - Phasen menschlicher Entwicklung

Phase	Wertorientierung	Sozialverhalten	Körperliche Entwicklung
Pubertät (hier: ca. 15-18 Jahre)	Häufiger Wechsel von Vorbildern; Kritik an allem und jedem	Lösung von den Eltern; Suche nach neuer Zugehörigkeit; Drang nach Anerkennung; oft intolerant und wechselhaft	Längenwachstum und Geschlechtsreife; evtl. motorische Probleme; Proportionierung der Körpergestalt
Junger Mitarbeiter (hier: ca. 18-25 Jahre)	Eigene Werte und Maßstäbe werden entwickelt und mit Überzeugung vertreten	Eigenes Rollenverhalten bildet sich heraus; Suche nach dauerhaften sozialen Kontakten und Beziehungen	Erst in dieser Phase ist die (genetisch programmierte) Entwicklung der Innenorgane abgeschlossen
Junger Erwachsener (hier: ca. 25-35 Jahre)	Werte und Einstellungen werden hinterfragt und evtl. korrigiert; Berufliches Fortkommen wird angestrebt (z.B. durch Weiterbildung)	Meist dauerhafte soziale Bindungen; Heirat, fester Freundeskreis, Gründung einer eigenen Familie; Bau eines eigenen Hauses	Phase der größten körperlichen Leistungsfähigkeit
Erfahrener Mitarbeiter (hier: ca. 35-50 Jahre)	Werte und Einstellungen sind gefestigt, aber nicht völlig abgeschlossen	Festhalten an bewährten Verhaltensmustern, aber immer noch flexibel und offen für neue Erfahrungen	Bei körperlich belastenden Berufen oft erste Probleme mit Gelenken und Muskeln
Älterer Mitarbeiter (hier: ab ca. 50 Jahre)	Meist völlig abgeschlossen	Bei Neuerungen oft nicht mehr aufgeschlossen, eingeschränkte Flexibilität; durch große Erfahrung oft ein „ruhender Pol"	Evtl. verschleißbedingte Probleme mit Gelenken, Wirbeln und Sehnen; Sinnesorgane lassen nach

Man darf jedoch nicht vergessen, dass es bei Statistiken immer nur um eine allgemeine Darstellung gehen kann – in der Praxis gibt es Abweichungen, weil sich die menschliche Entwicklung nicht bei jedem Individuum in der gleichen Geschwindigkeit und Ausprägung vollzieht.

1.5 Sozialverhalten

Über das Sozialverhalten des Menschen wurden viele tausend Bücher geschrieben. Zu den heute vielleicht bekanntesten Erforschern menschlichen Verhaltens gehören Sigmund Freud und Bertrand Russell. Deren Theorien haben großteils auch heute noch Bestand, sind aber zu komplex, um in diesem Rahmen dargelegt zu werden.

Sehen wir uns stattdessen als Beispiel ein (stark vereinfachtes) Erklärungsmodell für menschliches Verhalten an, das der amerikanische Arzt und Psychiater Eric Berne in den 1960er Jahren erstellt hat.

Seine **Transaktionsanalyse** (siehe Abb. 3, Seite 17) ist recht einfach und beschreibt menschliche Kommunikation und Verhaltensweisen so, wie es wohl jeder im Alltag schon selbst beobachtet hat.

Eric Berne geht zunächst davon aus, dass jeder erwachsene Mensch drei „Ich-Zustände" in sich trägt.

- **Das Eltern-Ich:** Gemeint ist der Teil in uns, der (wie damals unsere Eltern) fürsorglich, kritisch und dominant agiert.

- **Das Erwachsenen-Ich:** Gemeint ist der Teil in uns, der logisch, zielorientiert und nüchtern die Realität analysiert und dann die an den Fakten orientierten Entscheidungen trifft.

- **Das Kind-Ich:** Gemeint ist der Teil in uns, der (wie wir es als Kind erlebt haben) z.B. Neugier, Angst und Gehorsam sowie Furcht vor Bestrafung enthält.

Stellen wir uns nun vor, zwei Personen (A und B) kommunizieren im Betrieb miteinander.
A fragt B höflich nach einem Werkzeug: „Hast du vielleicht den Schraubenschlüssel gesehen?"
Diese Frage stellt A ganz sachlich aus dem Ich-Zustand des „Erwachsenen-Ich" und erwartet von B auch eine rein sachliche Antwort aus dessen Zustand des „Erwachsenen-Ich", also z.B. „Ja, er liegt dort hinten".

Erfolgt diese sachliche Antwort von B, spricht man von einer **parallelen Transaktion**. Beide Personen sind zufrieden, für Probleme besteht kein Anlass (in der Grafik weiter unten durch zwei parallele Pfeile dargestellt).

Antwortet B hingegen patzig („Räume deine Sachen besser auf, dann weißt du, wo sie sind!"), kommt es zur **verkreuzten Transaktion** – und eine Eskalation bis hin zum offenen Streit ist programmiert:
B hat die Frage nicht auf der Ebene des „Erwachsenen-Ich" beantwortet, sondern mit seinem (dominanten) „Eltern-Ich", das auf das „Kind-Ich" von A gerichtet war, diesen also wie einen kleinen Jungen behandelte (in der folgenden Grafik durch einen diagonalen Pfeil dargestellt).

Abb. 3 - Transaktionsanalyse

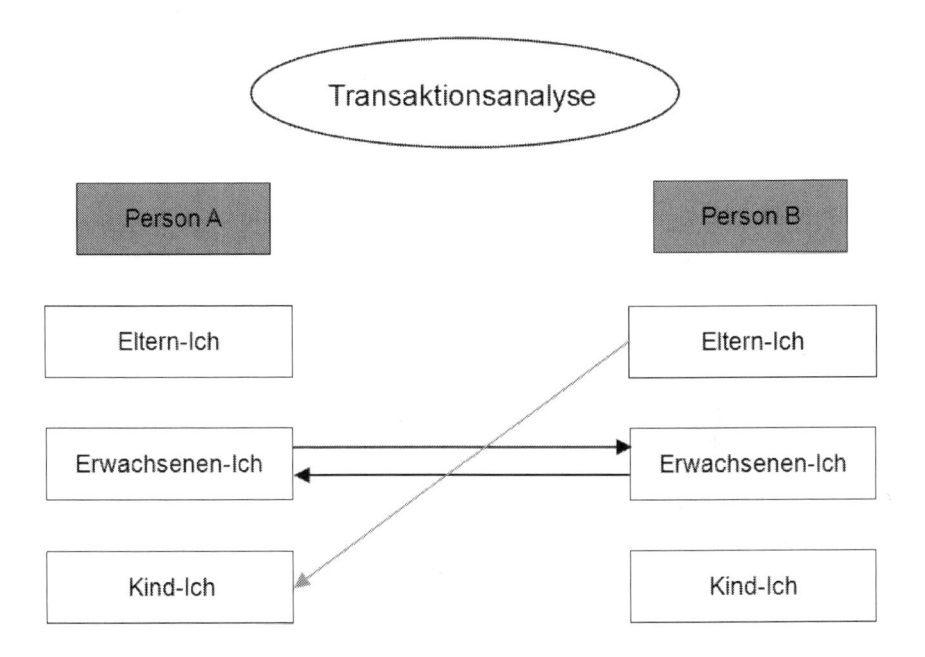

Verkreuzte Transaktionen können zum gegenseitigen Schlagabtausch führen, aber auch relativ leicht gelöst werden. Dazu muss eine Partei den Anfang machen und auf die Ebene des vernünftigen „Erwachsenen-Ich" zurückkehren („Ich habe gerade etwas überreagiert, tut mit leid. Komm, wegen so etwas will ich keinen Streit mit dir"). Häufig wird das Gegenüber dieses „Friedensangebot" annehmen und die Transaktion verläuft wieder in sachlichen Bahnen.

1.6 Soziale Normen und Sozialisation

In jeder Gruppe von Menschen gibt es „Spielregeln" für das Zusammenleben. Das gilt für die Familie genauso wie für die betriebliche Zusammenarbeit und die Gesellschaft als Ganzes. Solche Regeln werden auch als **soziale Normen** bezeichnet. Beispiele für solche Spielregeln und Normen sind:

1. *Höflichkeitsregeln (z.B. grüßen, sich bedanken)*
2. *Tischsitten (z.B. essen mit Messer und Gabel und ohne zu schmatzen)*
3. *Hygiene (z.B. Körperpflege, sauberer Arbeitsplatz)*
4. *Kleidung (z.B. Krawatte bei offiziellen Anlässen)*

Wer diese Normen kennt und anwendet, wird in der Regel kaum soziale Probleme bekommen. Wer sie missachtet, wird evtl. im sozialen Umfeld „anecken" und folglich für sein Verhalten bestraft, etwa durch gesellschaftliche oder berufliche Ausgrenzung.

> **Den Prozess des „Hineinwachsens" in das Normensystem der Gesellschaft nennt man Sozialisation.**

Sozialisation bedeutet nicht, dass der Mensch alle Spielregeln und Normen der Gesellschaft vollständig und kritiklos übernimmt. Vielmehr kann jeder Einzelne bewusst entscheiden, welche der gesellschaftlichen Normen er richtig und wichtig findet und daher „bedient" - und welche nicht.

Wenn allerdings soziale Normen bewusst oder unbewusst missachtet bzw. verletzt werden, kann dies zu negativen Reaktionen führen. Darüber muss man sich im Klaren sein.

Zwei Beispiele:

- *Von leitenden Angestellten wird meist erwartet, in bestimmten Situationen Anzug und Krawatte zu tragen. Natürlich kann man das bewusst ignorieren, wenn man eine solche Kleidung ablehnt. Man darf dann aber auch nicht jammern, wenn man dadurch berufliche Nachteile erfährt (z.B. bei Bewerbungsgesprächen oder im Umgang mit Kunden).*

- *Es kann lästig sein, auf dem Weg zur Kantine zig Mal „Mahlzeit" zu sagen. Tut man es nicht, kann man aber schnell überall als „Stoffel" gelten.*

1.7 Lernen

Lernen ist eine Reaktion auf Reize aus der Umwelt und ein Lernerfolg zeigt sich durch neue Verhaltensweisen, Einstellungen oder veränderte Leistungen.

Das Lernen kann auf verschiedene Weisen erfolgen. Hierzu eine kurze Übersicht:

- **Soziales Lernen** ist das Lernen von anderen, durch andere und mit anderen. Das bedeutet, dass ein Mensch sich diejenigen Verhaltensweisen aneignet, die er für das Leben in einem gewissen sozialen Umfeld benötigt. Er erwirbt so genannte soziale und emotionale Kompetenzen. Dazu gehören zum Beispiel Kontakt- und Kommunikationsfähigkeit, Einfühlungsvermögen, Kooperations- und Konfliktfähigkeit. Soziales Lernen ist ein lebens- und arbeitsbegleitender Prozess.

    Beispiel: Jemand zieht aus beruflichen Gründen ins Ausland. Er muss nun lernen, sich in der neuen Gemeinschaft an die dort herrschenden Spielregeln anzupassen. Zum Beispiel können Tischsitten oder Arbeitsverhalten von dem abweichen, was in Deutschland erwartet wird.

- **Bewusstes Lernen** vollzieht sich geplant und geschieht nach einer Aufforderung oder aufgrund einer bestimmten Motivation mit Absicht.

    Beispiel: Das Lernen von Vokabeln oder mathematischen Formeln für eine bevorstehende Prüfung.

- **Unbewusstes Lernen** geschieht im Gegensatz dazu ohne Lernabsicht und ist ein häufig vorkommender, natürlicher Einprägungsvorgang.

    Beispiel: Bei der Fahrt zum Arbeitsplatz wird die Musiksendung im Autoradio durch Nachrichten unterbrochen. Obwohl man gar nicht bewusst zuhört, bleiben doch einige dieser Nachrichten im Gedächtnis.

- **Imitationslernen** (Lernen durch Nachahmung) ist ein bewusster oder unbewusster Prozess, bei dem der Lernende Verhaltensmuster anderer Menschen (Vorbilder) nachahmt.

    Beispiel 1: Ein Auszubildender erlebt täglich, dass sein Ausbilder morgens 15 Minuten zu spät kommt. Bald kommt auch er morgens einige Minuten später.
    Beispiel 2: Ein Vorgesetzter bemüht sich erfolgreich um eine gerechte Schicht- und Arbeitseinrteilung. Die meisten seiner Mitarbeiter werden sich als spätere Vorgesetzte an diesem vorbildlichen Verhalten orientieren.

Persönliche und berufliche Entwicklung, 1.7

- **Lernen durch Versuch, Irrtum und Erfolg** beschreibt einen Lernprozess, bei dem der Lernende versucht, mit verschiedenen Ansätzen ein Problem zu lösen. Erfolglose Versuche werden in Zukunft nicht wiederholt, während erfolgreiche Ansätze als Lernerfolg abgespeichert werden und später auf ähnliche oder andere Situationen übertragen werden können.

   Beispiel: jemand möchte am Computer eine Tabelle erstellen. Statt die richtige Handlungsweise im Handbuch nachzuschlagen, probiert er im Textverarbeitungsprogramm so lange, bis sich der Erfolg einstellt. Doch auch die erfolglosen Versuche können künftig in ähnlichen Situationen genutzt werden, indem die Suche nach der richtigen Lösung eingegrenzt wird.

- **Lernen durch Verstärkung** geht von der Erkenntnis aus, dass der Mensch das, was ihm Erfolgserlebnisse verschafft, auch gerne tut. Wer also für sein Handeln durch Aufmerksamkeit, Wertschätzung oder Anerkennung belohnt wird, wird vermutlich auch in Zukunft wieder so handeln.

   Beispiel: Ein Mitarbeiter bleibt ohne Aufforderung durch den Vorgesetzten länger, um einen wichtigen Auftrag noch zu Ende zu bringen und damit den Kunden zufrieden zu stellen. Der Vorgesetzte "verstärkt" am nächsten Tag dieses positive Verhalten, indem er sich beim Mitarbeiter bedankt und ankündigt, sich für eine kleine Sonderprämie einzusetzen. Da der Mitarbeiter nun sieht, dass Einsatz wohlwollend zur Kenntnis genommen und sogar belohnt wird, wird er wohl auch das nächste Mal in einer vergleichbaren Situation Mehrarbeit leisten.

- **Lernen durch Einsicht** bedeutet, dass dem Lernenden Zusammenhänge deutlich werden, so dass er die Notwendigkeit einer Verfahrens- oder Verhaltensänderung selbst einsieht.

   Beispiel: Einem Mitarbeiter wird klar, dass seine gestrige Bummelei für die Kollegen Mehrarbeit bedeutet hat. Da er selbst einsieht, dass sein Verhalten der ganzen Gruppe und seinem dortigen Ansehen schadet, beschleunigt er künftig sein Arbeitstempo.

- **Lernen durch Übung** beschreibt einen Lernprozess, bei dem durch ständige Wiederholung Lerninhalte oder Verfahrensabläufe so gefestigt werden, dass sie später jederzeit abrufbar sind. Diese Form des Lernens ist überall dort bedeutsam, wo unter Belastung oder Stress ein schnelles, aber ruhiges und fachlich korrektes Handeln erforderlich ist.

   Beispiel: Im Rettungsdienst oder bei der Feuerwehr müssen Handlungsabläufe so oft geübt werden, dass im „echten" Einsatz jeder genau weiß, was er wie und in welcher Reihenfolge zu tun hat (Eigensicherung, Erste Hilfe, Anschluss von Schläuchen, etc).

- **Lernen durch bedingte Reaktion** ähnelt dem Lernen durch Übung, doch werden hier die Abläufe so oft geübt, dass bereits ein bestimmter Reiz (etwa eine Farbe oder ein akustisches Signal) zur richtigen Reaktion führt. Das Handeln erfolgt hier automatisch und ohne Nachdenken.

Beispiel: Im Straßenverkehr braucht ein geübter Autofahrer nicht mehr nachzudenken, ob er bei „Rot" anhalten oder bei „Grün" weiterfahren soll. Er macht es (fast immer) automatisch richtig.

1.8 Besondere Mitarbeitergruppen

In fast jedem Betrieb gibt es Mitarbeitergruppen, deren Führung von Vorgesetzten besondere Kenntnisse und Fingerspitzengefühl verlangen.
Dazu gehören z.B.:

- Arbeitnehmer mit Migrationshintergrund
- Weibliche Beschäftigte
- Ältere Mitarbeiter
- Auszubildende / Jugendliche
- Behinderte Arbeitnehmer.

1.8.1 Arbeitnehmer mit Migrationshintergrund

Die früher gebräuchlichen Begriffe „Gastarbeiter" und „ausländische Mitarbeiter" sind längst nicht mehr zeitgemäß, wenn es darum geht, Mitarbeiter zu beschreiben, die ihre Wurzeln nicht in Deutschland haben.
Heute geht es um Menschen mit „Migrationshintergrund", bei denen die Staatsangehörigkeit kaum mehr von Bedeutung ist.
Sie leisten als Arbeitnehmer und Unternehmer einen erheblichen Beitrag zum deutschen Bruttoinlandsprodukt und zum deutschen Steueraufkommen – auch dann, wenn sie nicht die deutsche Staatsbürgerschaft besitzen.

Ohne Arbeitnehmer mit Migrationshintergrund kämen manche Wirtschaftszweige im Deutschland von 2017 gar nicht mehr aus.
Dies gilt vor allem für Landwirtschaft und Gastronomie, aber auch für das produzierende Gewerbe, das Handwerk oder für den Bereich Schutz und Sicherheit.

Dennoch kommt es in den Betrieben immer wieder zu Reibungen. Der Vorgesetzte sollte bei der Behandlung solcher Konflikte *(vgl. auch Kapitel 6.1)* vorsichtig und tolerant, aber auch konsequent vorgehen.

Persönliche und berufliche Entwicklung, 1.8.1

In folgenden Bereichen können Probleme bei der Zusammenarbeit von Menschen mit und ohne Migrationshintergrund auftreten:

- Sprache, Kommunikationsfähigkeit
- Lebensgewohnheiten, Ernährung
- kultureller Hintergrund, Religion
- Einstellung zur Arbeit, Mentalität
- Äußerlichkeiten

Hinzu kommen Unterschiede oder gar Feindschaft unter verschiedenen Migrantengruppen.
Man sollte solche Probleme nicht überbewerten oder künstlich aufbauschen. Man darf sie aber auch nicht aus falsch verstandener „Politischer Korrektheit" totschweigen und so tun, als gäbe es sie nicht.

Regeln zur Führung von Mitarbeitern mit Migrationshintergrund:

- *Lassen Sie sich niemals dazu hinreißen, die Herkunft eines Mitarbeiters zu beleidigen. Bleiben Sie stets sachlich.*

- *Bei Anweisungen, Einweisungen und Unterweisungen darauf achten, dass diese sprachlich auch wirklich verstanden werden. Besondere Beachtung hat den Sicherheitsvorschriften zu gelten. Im Zweifelsfall einen Dolmetscher zuziehen, z.B. einen zweisprachigen Kollegen.*

- *Aufgrund des anderen kulturellen Hintergrundes haben Kollegen mit Migrationshintergrund manchmal andere Moralvorstellungen. Üben Sie Toleranz bei abweichenden Verhaltensweisen, solange sie den Betriebsablauf nicht ernsthaft stören.*

- *Andere Tradition oder Mentalität kann zu einer anderen Arbeitseinstellung führen (Präzision, Ordnung). Machen Sie die betroffenen Mitarbeiter mit den betrieblichen Spielregeln und Vorstellungen vertraut und sorgen Sie für deren Einhaltung.*

- *Benachteiligen Sie Mitarbeiter mit Migrationshintergrund nicht, bevorzugen Sie sie aber auch nicht. Bieten Sie bei Problemen Hilfe an, aber weisen Sie auch sachlich darauf hin, dass im Betrieb bestimmte Normen eingehalten werden müssen – egal, woher ein Mitarbeiter kommt.*

- *Versuchen Sie, Debatten über „Ausländerfeindlichkeit" im Betrieb aus dem Weg zu gehen. Außer gegenseitigen Verletzungen kommt dabei selten etwas heraus.*

1.8.2 Weibliche Beschäftigte

In gewerblichen und technischen Berufen sind Frauen nach wie vor stark in der Minderheit. Noch geringer ist ihre Quote bei den Führungskräften in solchen Berufen und Branchen. Die Löhne und Gehälter sind für Frauen bei gleicher Tätigkeit oft noch niedriger als bei Männern. Ursache hierfür ist u.a. wohl das immer noch herrschende Vorurteil, Frauen seien weniger kompetent, belastbar und zielstrebig.

Daher muss ein männlicher Vorgesetzter in diesen Bereichen besonders darauf achten, dass es gegenüber Frauen keine Benachteiligungen gibt. Dazu zwingt schon das **Allgemeine Gleichbehandlungsgesetz (AGG)**, das eine Diskriminierung von Frauen unter Strafe stellt (*vgl. hierzu das VHZ-Buch „Rechtsbewusstes Handeln"*).

Arbeitswissenschaftlich betrachtet sind die Unterschiede zwischen Mann und Frau nicht sehr groß. Anders als früher geht man heute (2017) davon aus, dass das Leistungsvermögen etwa gleich ist. Frauen verfügen zwar häufig über eine geringere Muskelkraft, können dies aber oft durch bessere Arbeitsorganisation und -kommunikation ausgleichen.

Beispiel: Der Mann schleppt allein eine schwere Kiste in den 5.Stock eines Gebäudes und ist auch noch stolz auf seine Leistung. Die Frau fragt nach einem Sackwagen, bockt die schwere Kiste auf und nimmt dann den Aufzug in den 5.Stock, wo beide gleichzeitig ankommen.

Eine besonders schwierige Aufgabe haben Vorgesetzte, wenn es um das Thema „Sexuelle Belästigung am Arbeitsplatz" geht. Leider gibt es Männer, die Frauen vorwiegend unter sexuellen Gesichtspunkten betrachten und auch so behandeln – die Bandbreite der Verfehlungen reicht von anzüglichen Bemerkungen bis hin zu tätlichen Übergriffen. Als fürsorgliche Vorgesetzte haben Sie einzuschreiten, sobald Ihnen die Diskriminierung einer Mitarbeiterin gemeldet wird.

Arbeitsrechtlich kann einem Mitarbeiter, der eine Kollegin sexuell belästigt hat, die fristlose Kündigung ausgesprochen werden. Umgekehrt kann einer Mitarbeiterin, die eine sexuelle Belästigung nachweislich frei erfunden hat, um einem Kollegen zu schaden, ebenfalls die fristlose Kündigung drohen. In beiden Fällen ist aber der Nachweis in der Praxis schwierig, wenn es keine Zeugen gibt.
Empfehlungen zur Führung von Mitarbeiterinnen:

- *Sie sollten als Vorgesetzte Ihre eigenen Vorurteile und Rollenklischees kritisch überprüfen und abbauen;*
- *Arbeit in gemischten Gruppen (Männer und Frauen) wird im Allgemeinen von den beteiligten Mitarbeiterinnen und Mitarbeitern positiver gesehen als eine Trennung nach Geschlechtern;*

Persönliche und berufliche Entwicklung, 1.8.3

- *Für Mütter flexiblere Arbeitszeitregelungen schaffen bzw. anregen, um ihnen Freiraum bei der Betreuung und Erziehung der Kinder zu ermöglichen;*
- *Fachlich guten Mitarbeiterinnen die gleichen Möglichkeiten zu Fortbildung und Aufstieg geben wie den männlichen Kollegen;*
- *Vorwürfe der sexuellen Belästigung immer ernst nehmen, auf ihre Stichhaltigkeit prüfen und anschließend handeln.*

1.8.3 Ältere Mitarbeiter

Altern ist individuell sehr unterschiedlich. Es kann schon sehr früh, aber auch erst relativ spät einsetzen.
Manche 60-Jährige machen Triathlon und sind auch geistig fit. Manche 30-Jährige leiden unter starkem Übergewicht und Gelenkschäden oder fristen ein geistig anspruchsloses Dasein vor dem Fernseher. Wann ein Mensch also „alt" ist, hängt nicht allein von seinen Lebensjahren ab. Rein statistisch gesehen gehört man aber spätestens ab 50 zu den „Älteren". Diese Sichtweise ist das Ergebnis von Daten der Arbeitsagenturen, wo es um die „Vermittelbarkeit" von Arbeitssuchenden geht.

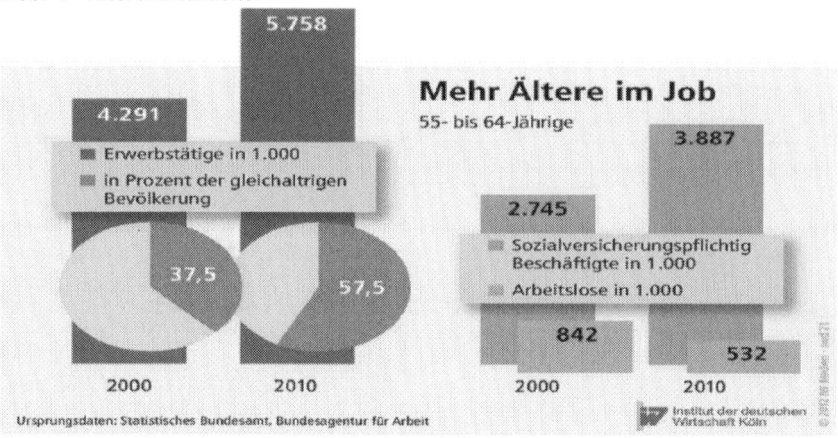

Abb. 4 - Ältere Mitarbeiter

Mehr Ältere im Job
55- bis 64-Jährige

- Erwerbstätige in 1.000: 4.291 (2000), 5.758 (2010)
- in Prozent der gleichaltrigen Bevölkerung: 37,5 (2000), 57,5 (2010)
- Sozialversicherungspflichtig Beschäftigte in 1.000: 2.745 (2000), 3.887 (2010)
- Arbeitslose in 1.000: 842 (2000), 532 (2010)

Ursprungsdaten: Statistisches Bundesamt, Bundesagentur für Arbeit
Institut der deutschen Wirtschaft Köln

„Man wird nicht jünger", sagt man. Tatsächlich nimmt mit fortschreitendem Alter die Häufung von gesundheitlichen Einschränkungen zu. Dennoch lassen ältere Mitarbeiter in ihrer Leistungskraft nicht generell nach, sondern meist nur auf bestimmten Gebieten:

- *Nachlassen der Sinnesorgane (Seh-, Hör- und Riechvermögen);*
- *Nachlassen der Muskelkraft, wenn sie nicht trainiert wird (schnellere Ermüdung);*
- *Nachlassen der Flexibilität (Scheu vor Veränderungen, Bedürfnis nach Sicherheit);*
- *Nachlassen von Reaktionsfähigkeit und Lerngeschwindigkeit.*

Die Leistung älterer Mitarbeiter verändert sich aber nicht nur negativ, sondern kann auch zu einem positiven **Leistungswandel** und damit zu einer Überlegenheit gegenüber jüngeren Kollegen führen:

- *Überlegenheit bei der Arbeits- und Berufserfahrung;*
- *Überlegenheit im Überblick auf das Betriebsgeschehen;*
- *Überlegenheit im Hinblick auf Verantwortungsbewusstsein und Arbeitssicherheit;*
- *Überlegenheit hinsichtlich Sorgfalt und Kostenbewusstsein.*

Empfehlungen zur Führung älterer Mitarbeiter:

- Der Mitarbeiter sollte entsprechend seiner Fähigkeiten eingesetzt werden, wobei altersbedingte Schwächen und Stärken zu berücksichtigen sind. Bei Umsetzungen sind „Degradierungen" (Zurücksetzungen) zu vermeiden.
- Der Arbeitsplatz sollte, soweit möglich, den veränderten Erfordernissen angepasst werden:
  - *keine zu große Hitze*
  - *kein Zeitdruck*
  - *ausreichende Beleuchtung*
  - *weniger schwere körperliche Arbeit*
  - *evtl. kurze, zusätzliche Ruhepausen*
- Nutzen Sie die Erfahrungen des Älteren (z.B. Patenfunktion für neue Mitarbeiter); fragen Sie ihn um Rat und vermitteln Sie ihm damit Ihre Anerkennung.
- Berücksichtigen Sie, dass sich ältere Mitarbeiter oft nur ungern etwas von Jüngeren sagen lassen. Gewinnen Sie das Vertrauen des Älteren und betonen Sie nicht die eigene (Amts-)Autorität.

1.8.4 Auszubildende / Jugendliche

Für alle Auszubildenden besteht der besondere Schutz durch das **Berufsbildungsgesetz (BBiG)**. Neben der Vermittlung von Kenntnissen und Fertigkeiten hebt das BBiG vor allem die erzieherischen Pflichten des Ausbilders hervor. Um diese Qualifikation nachzuweisen, muss sich ein Ausbilder einer Prüfung gemäß **AEVO (Ausbildereignungsverordnung)** unterziehen, welche u.a. auch Voraussetzung für den Erwerb eines Meistertitels ist.

Nicht nur die Ausbilder, sondern vielmehr alle Vorgesetzten, Kollegen und Mitarbeiter tragen eine besondere Verantwortung für Auszubildende. Es gibt verbindliche, z.T. sogar vom Gesetzgeber vorgegebene Regeln für den **Umgang mit Auszubildenden**:

- Azubi sind zum Lernen im Betrieb. Die im Gesetz vorgegebene Ausbildungspflicht hat also Vorrang vor anderen betrieblichen Interessen.

- Eine sorgfältige Unterweisung über mögliche Unfall- und Gesundheits-gefahren ist nicht nur eine gesetzliche, sondern auch eine menschliche Pflicht!

- Azubi dürfen laut BBiG keine „ausbildungsfremden" Tätigkeiten verrichten.

- Sie müssen charakterlich gefördert werden und dürfen keiner „sittlichen Gefährdung" ausgesetzt werden. Dies gilt – unabhängig vom Alter – für alle Azubi.

- Azubi dürfen nicht als „billige Arbeitskräfte" gesehen werden, denen man die Aufgaben zuweist, die sonst keiner machen will.

- Sie sind auch nicht persönliche Handlanger für die Fachkräfte - stellen Sie dies gegenüber den Kollegen klar!

- Der Azubi von heute ist der Kollege von morgen. Er wird später nur so gut sein, wie wir es ihm beigebracht haben.

- Die meisten Azubi machen während ihrer Ausbildung die ersten Erfahrungen in der Arbeitswelt. Wenn diese Erfahrungen negativ sind, wird auch eine eher negativ eingestellte Fachkraft herauskommen.

- Die meisten Azubsi sind – wenigstens zu Beginn ihrer Lehrzeit – unter 18 Jahre alt, also minderjährige Jugendliche. Das **Jugendarbeitsschutzgesetz (JArbSchG)** schränkt zum Schutz der Jugendlichen deren Einsatz im Betrieb ein.

- Minderjährige Azubi dürfen z.B. keine Nachtarbeit verrichten, erhalten mehr Pausen und Urlaub und können Arbeitsverträge nicht ohne die Erlaubnis ihrer Eltern bzw. Erziehungsberechtigten schließen oder kündigen.

Wenn Sie sich vorbildlich und fair gegenüber dem Azubi verhalten, wird er dieses Verhalten später - als Fachkraft – mit großer Wahrscheinlichkeit auch selbst zeigen.

1.8.5 Schwerbehinderte Mitarbeiter

Schwerbehinderte Menschen genießen einen besonderen Schutz, der durch das **Sozialgesetzbuch IX (SGB IX)** geregelt ist. Arbeitgeber dürfen schwer behinderte Beschäftigte nicht wegen ihrer Behinderung benachteiligen. Sie sind so zu beschäftigen, dass sie ihre Fähigkeiten und Kenntnisse möglichst voll verwerten und entwickeln können. Auch das bereits genannte allgemeine Gleichbehandlungsgesetz verbietet jede Ungleichbehandlung wegen einer Behinderung.

Der Arbeitgeber hat zu prüfen, ob freie Arbeitsplätze mit Schwerbehinderten – insbesondere solchen, die arbeitslos oder arbeitssuchend sind – besetzt werden können. Betriebe mit mehr als 20 Mitarbeitern müssen mindestens 5 % der Arbeitsplätze mit schwerbehinderten Menschen besetzen. Wer keine oder zu wenige Schwerbehinderte beschäftigt, zahlt eine monatliche Ausgleichsabgabe.

Die Beschäftigung Schwerbehinderter darf nicht nur unter dem Aspekt betrachtet werden, dass deren Integration Probleme bereiten kann. Vielmehr ergeben sich auch unternehmerische Potenziale: Viele schwerbehinderte Menschen sind hoch motiviert und betriebstreu.

Empfehlungen zur Führung und Integration schwerbehinderter Mitarbeiter:

- Die Arbeitsplätze müssen behindertengerecht angepasst werden, zum Beispiel durch barrierefreie Zugänge sowie durch geeignete Hilfsmittel.
- Schwerbehinderte haben Anspruch auf Zusatzurlaub von bis zu fünf Arbeitstagen pro Jahr. Sie haben das Recht, Mehrarbeit abzulehnen und genießen einen besonderen Kündigungsschutz.
- Bei Schwierigkeiten, die zu einer Gefährdung des Arbeitsverhältnisses bei schwer behinderten Beschäftigten führen können, muss der Arbeitgeber frühzeitig die Schwerbehindertenvertretung und das Integrationsamt einschalten.
- Vorgesetzte sollten gegenseitigen Respekt, Rücksichtnahme und Verständnis gegenüber Schwerbehinderten Mitarbeitern und Kollegen aktiv vorleben.

2. Rahmenbedingungen erfolgreicher Arbeit

(Im Rahmenplan: Beurteilen und Berücksichtigen des Einflusses von Arbeitsorganisation und Arbeitsplatz auf das Sozialverhalten und das Betriebsklima sowie Ergreifen von Maßnahmen zur Verbesserung)

2.1 Unternehmensphilosophie und Unternehmenskultur

Ein Unternehmen ist kein starres Gebilde, sondern unterliegt einem ständigen Veränderungsprozess. Aufgabe der Unternehmensführung ist dabei nicht nur, rein betriebswirtschaftlich zu denken, sondern sich auch über die Zielsetzung und über die Rahmenbedingungen klar zu werden. Was wollen wir künftig erreichen, wie wollen wir wahrgenommen werden, und wie gehen wir miteinander um?

Basis für diese Unternehmenspolitik bilden die **Unternehmensphilosophie** und die **Unternehmenskultur**.

Bei der **Unternehmensphilosophie** handelt es sich um ein Weltbild, ein Modell, an dem **das gesamte unternehmerische Verhalten und Handeln** ausgerichtet werden soll. Die Unternehmensphilosophie ist somit die offiziell beschlossene Auftritts- und Arbeitsweise - sowohl extern als auch intern. Sie ist der ganz allgemeine Kompass, nach dem alle Entscheidungen auszurichten sind.

Abb. 5 - Unternehmensphilosophie

Unternehmensphilosophie:

Mission, Werte, Strategie, Ziele

Beispiele zu Leitfragen der Unternehmensphilosophie:

Was wollen wir eigentlich, welchen Anspruch haben wir an uns selbst?
- *Wollen wir durch unser Tun für alle Menschen einen Mehrwert schaffen?*
- *Wollen wir langfristig Marktführer werden / bleiben?*
- *Wollen wir Wettbewerber bekämpfen oder von ihnen lernen?*
- *Wollen wir das Beste für unsere Kunden oder für unsere Aktionäre?*
- *Wollen wir die beste Qualität oder die größte Massenproduktion?*
- *Wollen wir nicht nur als erfolgreiches, sondern auch als sozial eingestelltes Unternehmen gelten?*
- *Wie wollen wir öffentlich wahrgenommen werden?*

Im Gegensatz dazu beschreibt die **Unternehmenskultur** die Umsetzung dieser Unternehmensphilosophie **im Alltag**. Wie sollen die Ziele umgesetzt werden, wie gehen wir mit unseren Kunden und Mitarbeitern um? Es geht also um das im ganz normalen Alltag ‚gelebte Verhalten' nach innen und nach außen.

Abb. 6 – Unternehmenskultur

Unternehmenskultur:

Gelebtes Verhalten

Es gibt einige Unternehmen, die es schaffen, die von der Unternehmensleitung vorgegebene Unternehmensphilosophie auch tatsächlich im Alltag umzusetzen und eine dem Leitbild entsprechende Unternehmenskultur aufzubauen.

Beispiel:
Ein Unternehmen will nicht nur Geld verdienen, sondern intern und öffentlich als sozial und fair wahrgenommen werden (Unternehmensphilosophie). Die Beschäftigten sehen, dass dies auch im Alltag umgesetzt, also ‚gelebt' wird (Unternehmenskultur) und sind stolz darauf, für diese Firma zu arbeiten.

Viel häufiger kommt es leider vor, dass das Leitbild der Unternehmens-philosophie im Alltag, also in der tatsächlichen Unternehmenskultur, nicht gilt. Es klafft eine Lücke zwischen Anspruch und Umsetzung.

Beispiel:
Ein Unternehmen will zwar als attraktiver und verlässlicher Arbeitgeber gelten (Unternehmensphilosophie), schließt aber mit vielen seiner Mitarbeiter nur Zeitverträge ab und beschäftigt zudem viele Leiharbeiter (Unternehmenskultur). Somit entspricht das ‚gelebte Verhalten' nicht dem Leitbild, was zur Verärgerung und Demotivation der Beschäftigten führen kann.

Der Zusammenhang zwischen Unternehmensphilosophie und Unternehmens-kultur muss sichtbar und erfahrbar sein. Ist dies nicht der Fall, sind Probleme bei der Motivation und der Effizienz der Beschäftigten unausweichlich. Ein Unternehmen tut also gut daran, die Lücke zwischen Anspruch und ‚gelebtem Verhalten' nicht zu groß werden zu lassen. Das ist schwierig, aber möglich.

Rahmenbedingungen erfolgreicher Arbeit, 2.1

Zusammenfassend kann man sagen:

Die von der Unternehmensführung formulierte **Unternehmensphilosophie** sowie die davon abgeleitete **Unternehmenskultur** schaffen ein Leitbild für das gesamte Unternehmen, welches nach innen und nach außen kommuniziert wird.

Ein solches **Unternehmensleitbild** wird oft mit dem Begriff „**Corporate Identity**" (kurz: **CI**) verbunden. Das CI bildet das Dach, unter dem das ‚Unternehmensgebäude' miteinander lebt und arbeitet.

Abb. 7 - Corporate Identity

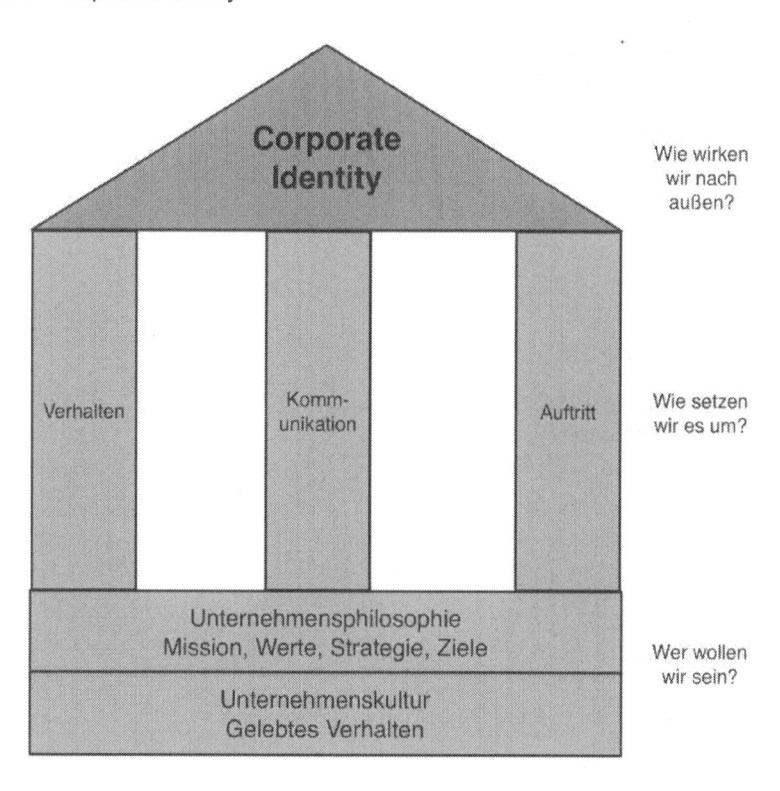

```
                    Corporate
                     Identity                     Wie wirken
                                                  wir nach
                                                  außen?

  Verhalten    Komm-              Auftritt        Wie setzen
               unikation                          wir es um?

        Unternehmensphilosophie
       Mission, Werte, Strategie, Ziele           Wer wollen
                                                  wir sein?
            Unternehmenskultur
            Gelebtes Verhalten
```

Die **Corporate Identity** erhält ihren nach außen sichtbaren Rahmen oft durch:

- *Eine einheitliche Farbgestaltung, vom Logo über die Arbeitskleidung bis hin zu den Fassaden der Firmengebäude;*
- *Einen unverwechselbaren Slogan (Unternehmens-Motto), der in der Werbung einen großen Wiedererkennungswert hat.*

Nach innen will die **Corporate Identity** das ‚Wir-Gefühl' der Beschäftigten stärken. Es soll helfen, die Mitarbeiter des Unternehmens zu motivieren und deren Bindung an die Firma zu erhöhen.
Dies kann jedoch nur funktionieren, wenn das ‚Gelebte Verhalten' im Betrieb dieser Außendarstellung im Wesentlichen entspricht.

Die Umsetzung der durch die **Corporate Identity** vorgegebenen Ansprüche kann für Vorgesetzte in der mittleren Führungsebene eine große Herausforderung darstellen, besonders dann, wenn der Alltag im Unternehmen (z.B. der Umgang miteinander) anders aussieht als er aussehen sollte.

Ein abschließendes Beispiel soll verständlich machen, welche Auswirkungen diese Zusammenhänge in der Praxis haben können:

Es gibt Unternehmen, die Außenstehenden das Image eines guten Arbeitgebers vermitteln. Unterhält man sich dann jedoch mit den dort beschäftigten Mitarbeitern und mittleren Führungskräften persönlich, berichten diese eventuell genau das Gegenteil und beschreiben eine kalte, ausschließlich auf Gewinnmaximierung ausgerichtete Unternehmensphilosophie, unter deren Profitgier das Betriebsklima (und damit auch die alltägliche Führungsarbeit) leidet.

Vorgesetzte müssen sich bewusst mit der Unternehmensphilosophie bzw. -kultur des Unternehmens auseinandersetzen, für das sie tätig sind, um diese im Rahmen der **Vorbildfunktion** den Mitarbeitern vermitteln zu können.

2.2 Leistungsverhalten, Leistungsfähigkeit und Leistungsbereitschaft

Nachdem wir uns im letzten Kapitel noch vorrangig mit den allgemeinen Zusammenhängen in einem Unternehmen beschäftigt haben, befassen wir uns nun einmal etwas genauer mit dem Individuum Mensch, denn dieser ist ja als Mitarbeiter für ein Unternehmen tätig.

Der Arbeitgeber, bei dem die Mitarbeiter beschäftigt sind, erwartet von diesen eine Arbeitsleistung. Hierunter versteht man, unabhängig von der Tätigkeit, das Ergebnis eines Wirtschaftsprozesses. Je besser das Leistungsverhalten des Mitarbeiters ist, umso besser ist das von ihm erzielte Ergebnis.

Das **Leistungsverhalten** setzt sich aus **Leistungsfähigkeit** und **Leistungsbereitschaft (Motivation)** zusammen.

Abb. 8 - Leistung

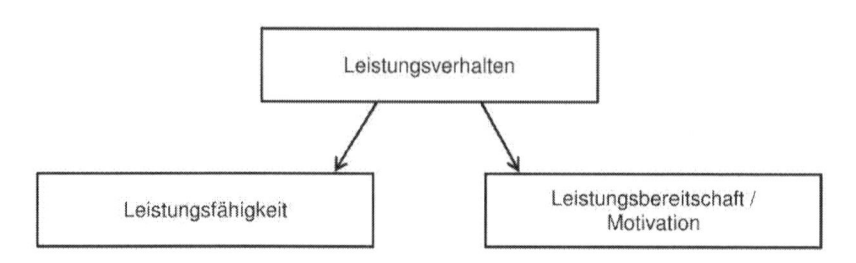

```
                    ┌─────────────────────┐
                    │  Leistungsverhalten │
                    └─────────────────────┘
                       ↙              ↘
        ┌──────────────────┐    ┌──────────────────────────┐
        │ Leistungsfähigkeit│    │ Leistungsbereitschaft /  │
        │                  │    │        Motivation         │
        └──────────────────┘    └──────────────────────────┘
```

Unter der **Leistungsfähigkeit** versteht man in diesem Zusammenhang die Obergrenze der körperlichen und geistigen Belastbarkeit eines Menschen. Diese Obergrenze ist mit dem Wert 100 % definiert und entspricht der Leistung, die der Mitarbeiter unter idealen Bedingungen theoretisch abrufen kann.
Die Leistungsfähigkeit kann kurzfristig durch Beeinträchtigungen (z.B. Krankheit) geringer werden, lässt sich aber nur langfristig steigern, etwa durch körperliches Training, durch Weiterbildung und durch Erfahrung.

Anders verhält es sich mit der **Leistungsbereitschaft** des Menschen. Diese kann fast immer kurzfristig beeinflusst werden und wird durch aktuelle Rahmenbedingungen mitbestimmt. Sie kann auch täglichen Schwankungen unterworfen sein, z.B. durch private Probleme.

Beispiel 1: Eine sehr gut qualifizierte Mitarbeiterin erzielt nicht die gewohnten Arbeitsergebnisse, da sie momentan neben ihrer beruflichen Tätigkeit ihr krankes Kind zuhause pflegen muss. In einer derartigen Situation ist es wahrscheinlich, dass ihre Leistungsbereitschaft reduziert ist, denn der Wille, sich um das kranke Kind zu kümmern, ist stärker als der, perfekte Arbeit abzuliefern.

Beispiel 2 : Ein Mitarbeiter muss über einen längeren Zeitraum hinweg Tätigkeiten ausführen, die er als minderwertig empfindet. Er führt diese zwar aus, doch nur mit geringer Energie (‚Dienst nach Vorschrift').

In beiden Beispielen ist das Leistungsverhalten der Mitarbeiter dadurch reduziert, dass ihre (eigentlich vorhandene) **Motivation** gehemmt wurde. Im ersten Beispiel durch externe, im zweiten Beispiel durch (betriebs-)interne Einflüsse.

Klären wir dazu zunächst einige Begriffe:

2.3 Förderung der Motivation

Unter einem **Motiv** versteht man in der Psychologie einen Beweggrund für menschliches Verhalten (z. B. Hunger, Durst etc.). Anders ausgedrückt: Ein Motiv ist ein Grund, etwas zu tun oder eben nicht. Wenn wir Hunger haben essen wir, um diesen zu stillen. Wenn wir abnehmen wollen, essen wir zwar auch, gehen aber kalorienreichen Speisen aus dem Weg.

Die Gesamtheit der Motive eines Individuums beeinflusst seine Entscheidungen und Handlungen und wird als **Motivation** bezeichnet. Wenn eine Person durch eine bestimmte Handlung das Erreichen eines erstrebenswerten Ziels erwartet, ist sie motiviert. Für jedes Unternehmen spielt die Motivation des einzelnen Mitarbeiters eine wichtige Rolle. Denn sie bestimmt – gemeinsam mit der Leistungsfähigkeit des Einzelnen und situativen Einflüssen – das Arbeitsergebnis.

Man unterscheidet dabei zwischen **innerer** (auch: intrinsischer oder primärer) Motivation und **äußerer** (auch: extrinsischer oder sekundärer) **Motivation**:

Abb. 9 - Innere und äußere Motivation

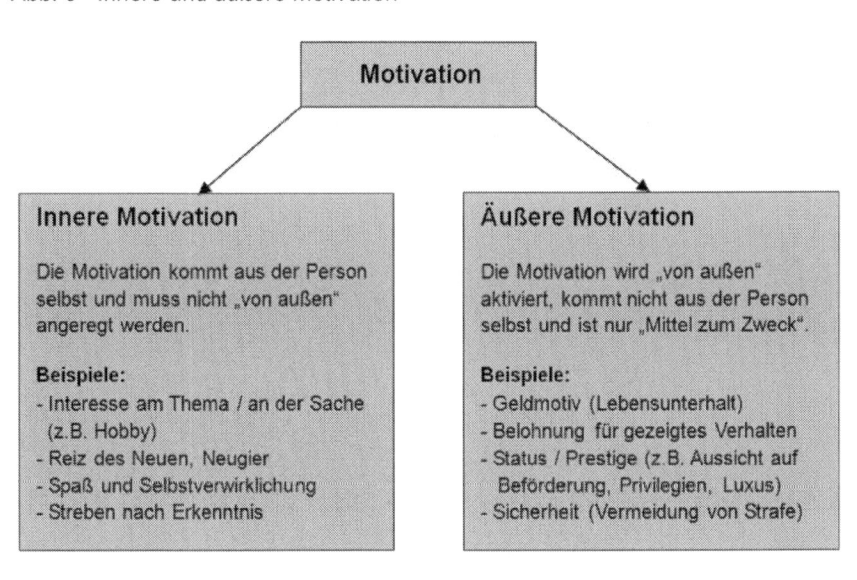

Innere Motivation	Äußere Motivation
Die Motivation kommt aus der Person selbst und muss nicht „von außen" angeregt werden.	Die Motivation wird „von außen" aktiviert, kommt nicht aus der Person selbst und ist nur „Mittel zum Zweck".
Beispiele: - Interesse am Thema / an der Sache (z.B. Hobby) - Reiz des Neuen, Neugier - Spaß und Selbstverwirklichung - Streben nach Erkenntnis	**Beispiele:** - Geldmotiv (Lebensunterhalt) - Belohnung für gezeigtes Verhalten - Status / Prestige (z.B. Aussicht auf Beförderung, Privilegien, Luxus) - Sicherheit (Vermeidung von Strafe)

Rahmenbedingungen erfolgreicher Arbeit, 2.3

Innere (intrinsische) Motivation beruht auf vom Einzelnen selbst bestimmten Faktoren, die er/sie für sich selbst als angenehm empfindet.

Beispiele für solche inneren Motivationsfaktoren sind interessante Tätigkeiten, die den eigenen Interessen entsprechen, Entscheidungsfreiheit, freie Zeiteinteilung und persönliche Entfaltung im Betrieb.

Hier lässt sich die Wichtigkeit regelmäßiger Mitarbeitergespräche erkennen, die der Vorgesetzter mit seinen Leuten führen sollte. Nur durch diese Gespräche erfährt die Führungskraft, was die einzelnen Mitarbeiter bewegt und wo eventuell äußere Motivatoren sinnvoll angesetzt werden können.

Äußere (extrinsische) Motivation wird von außen – im Unternehmen also etwa vom Vorgesetzten oder von der Personalabteilung – mit dem Ziel eingesetzt, jemanden zum gewünschten Leistungsverhalten zu bringen.

Beispiele für solche äußeren Motivationsfaktoren sind Prämien, Belobigungen, Beförderungen, Statussymbole und andere Privilegien. Auch die Androhung von Strafen kann in der Praxis dazu zählen.

Die Leistung des Mitarbeiters ist also abhängig von seinen Fähigkeiten und seiner Motivation. Wenn jemand nicht die erwartete Leistung bringt, kann dies daran liegen, dass er nicht dazu fähig ist. Es kann aber auch sein, dass er in seiner Arbeit keine Anreize (Motive) sieht, dass er also keine Möglichkeit erkennen kann, durch seine Arbeit seine Bedürfnisse zu befriedigen.

Folgende Verhaltensweisen können ein Zeichen dafür sein, dass Arbeitnehmer keine Chancen für die Befriedigung ihrer individuellen Motive im Betrieb sehen (**Demotivation / Unzufriedenheit**):

- *Leistungssenkung (Mitarbeiter verrichten nur noch „Dienst nach Vorschrift")*
- *Hohe Fluktuation (häufiger Stellenwechsel, d.h. kaum jemand bleibt auf Dauer im Betrieb oder in einer bestimmten Abteilung)*
- *Häufige Fehlzeiten (Mitarbeiter werden krank oder setzen andere Prioritäten)*
- *Höhere Unfallzahlen (durch Demotivation kommt es zu Nachlässigkeiten)*
- *Aggressionen (einzelner) und Konflikte (in der Gruppe)*

Die Motivation der Mitarbeiter gehört zu den wichtigsten, aber auch schwierigsten Aufgaben einer Führungskraft. Das Motivieren von Mitarbeitern ist jedoch keine reine Chefsache. Man kann sich im Kollegenkreis auch gegenseitig motivieren, etwa durch das Definieren und Einhalten positiver Gruppennormen wie: Verlässlichkeit, klare Informationen, freundschaftlichen Umgang miteinander oder durch das Streben, besser als eine andere Gruppe zu sein.

2.4 Die Theorien von Maslow und Herzberg

Zur Abrundung des Themas ‚Motivation' kommen wir um die Theorien der Herren Maslow und Herzberg nicht herum. Beide beschäftigten sich mit Fragen zur Motivation bzw. zur Zufriedenheit am Arbeitsplatz.

Betrachten wir zunächst einmal die Bedürfnispyramide nach Maslow:
Die Maslowsche Bedürfnishierarchie, bekannt als Bedürfnispyramide, ist eine sozialpsychologische Theorie, die menschliche Bedürfnisse und Motivationen (in einer hierarchischen Struktur) darstellt und versucht, diese zu erklären. Sie stellt eine **Einteilung menschlicher Bedürfnisse nach deren Dringlichkeit** dar.

Abb. 9 – Bedürfnispyramide nach Maslow

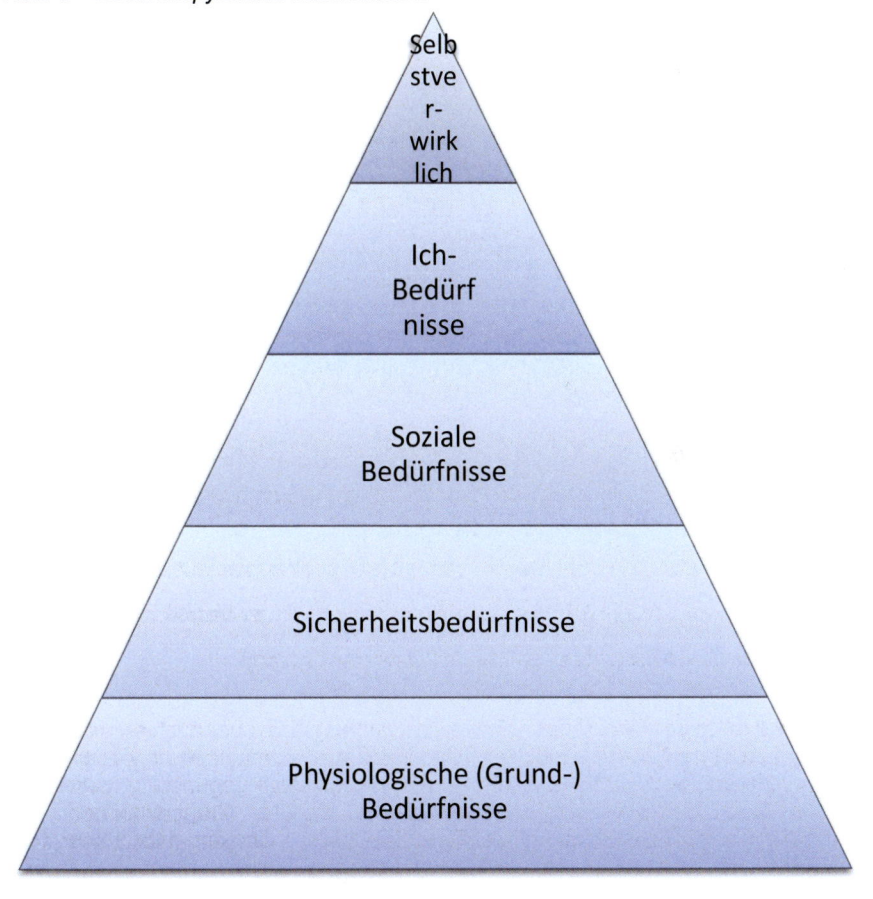

Pyramide (von oben nach unten):
- Selbstverwirklichung
- Ich-Bedürfnisse
- Soziale Bedürfnisse
- Sicherheitsbedürfnisse
- Physiologische (Grund-) Bedürfnisse

Nach Maslow strebt ein Mensch immer zuerst die Befriedigung grundsätzlicher Bedürfnisse an, bevor er sich mit ‚höheren' Bedürfnissen beschäftigt. Daher sollte man eine Maslow-Pyramide immer **von unten nach oben** lesen. Dazu je drei Beispiele in dieser Reihenfolge, um zu zeigen, wie die Bedürfnispyramide auf die Arbeitswelt übertragbar ist:

Drei Beispiele für ‚Physiologische (Grund-) Bedürfnisse':

- *Ausreichender Grundlohn*
- *existenzielle Versorgung*
- *Arbeitszeit, Pausen, Freizeit*

Drei Beispiele für ‚Sicherheitsbedürfnisse':

- *Arbeitsschutz und Arbeitssicherheit*
- *Erhaltung des Arbeitsplatzes, Kündigungsschutz*
- *betriebliche Altersversorgung*

Drei Beispiele für Soziale Bedürfnisse:

- *Kommunikation und Information unter den Kollegen*
- *Gegenseitige und rechtzeitige Information durch Vorgesetzte*
- *Betriebsausflüge u.ä.*

Drei Beispiele für ‚Ich-Bedürfnisse (Anerkennungsbedürfnisse)':

- *Anerkennung, z.B. durch Lob und leistungsbezogene Prämien*
- *Aufstiegsmöglichkeiten und Weiterbildung*
- *Statussymbole, z.B. Art des Firmenfahrzeuges*

Drei Beispiele für ‚Bedürfnis nach Selbstverwirklichung':

- *Weisungsbefugnisse, Verantwortung und Einfluss*
- *Entscheidungsspielräume*
- *Spaß und Gestaltungsmöglichkeiten bei der Arbeit*

Für die **Arbeitszufriedenheit** gilt die **2-Faktoren-Theorie von Herzberg** in der Fachwelt als der populärste Erklärungsansatz. Auch Herzberg geht davon aus, dass Menschen Bedürfnisse haben, die befriedigt werden müssen. Nach Herzbergs Auffassung werden Zufriedenheit und Unzufriedenheit in der Arbeit von zwei unterschiedlichen Faktorengruppen beeinflusst.

Faktoren, die Zufriedenheit bewirken können, nannte Herzberg **Motivatoren** und diejenigen, die Unzufriedenheit bewirken können, **Hygienefaktoren**.

Man kann den seltsamen Begriff **Hygienefaktoren** vielleicht so erklären, dass darunter Kriterien fallen, welche als selbstverständlich gelten (so wie die tägliche Körperhygiene) und daher bei Vorhandensein kaum gewürdigt werden. Sollten Sie jedoch schlecht erfüllt werden oder gar nicht vorhanden sein, entsteht bei den Mitarbeitern Unzufriedenheit.

Das Fehlen von **Motivatoren** hingegen verursacht noch keine Unzufriedenheit, jedoch führt ihr Vorhandensein zu Motivation und die Zufriedenheit wird erhöht.

Sehen wir uns dazu die Grafik auf der folgenden Seite an.

Das Schaubild zeigt rechts Beispiele für ‚Zufriedensteller' (**Motivatoren**) und links ‚Unzufriedensteller' (**Hygienefaktoren**) in der Arbeitswelt.

Auffällig ist, dass sich der Punkt „Einkommen" ziemlich mittig in der Aufstellung befindet. Seine Ausprägung ist nicht übermäßig stark. Das mag manche Leser überraschen, aber die Entlohnung motiviert offenbar nicht so deutlich, wie allgemein angenommen wird, das „Einkommen" hat zu gleichen Teilen Bedeutung sowohl als Hygienefaktor als auch als Motivator.

Wenn wir in der Hierarchie etwas weiter nach oben schauen, stoßen wir auf „Firmenpolitik und Verwaltung" – gemeint ist die Art und Weise, wie diese funktioniert. Eine gute Firmenpolitik/Verwaltung motiviert so gut wie gar nicht, weil sie als selbstverständliche Grundlage empfunden wird. Sind Firmenpolitik und Verwaltung jedoch vom Mitarbieter nicht nachvollziehbar, führt das zu einer extremen Unzufriedenheit. Hier kann man von einem klassischen Hygienefaktor sprechen.

Die Studien von Herzberg belegen ganz deutlich, wie wichtig den Mitarbeitern „Erfolgserlebnisse", „Anerkennung" und eine verantwortungsvolle sowie „sinnvolle Arbeit" ist. Gelingt es dem Unternehmen, diese für seine Mitarbeiter zu optimieren, wirken sich diese Bemühungen positiv auf die Leistungsbereitschaft der Beschäftigten aus.
Erst danach folgen weitere Aspekte wie die z.B. die Arbeitsbedingungen.

Rahmenbedingungen erfolgreicher Arbeit, 2.4

Abb. 10 - 2-Faktoren-Theorie nach Herzberg

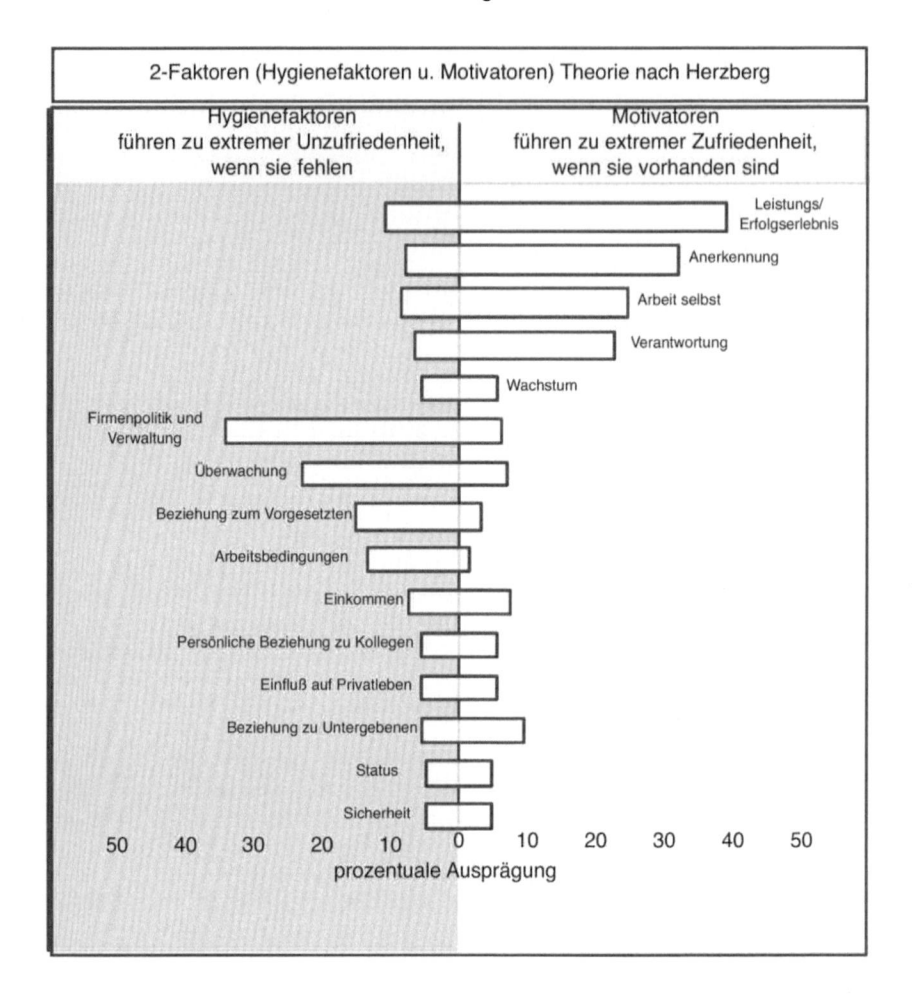

2-Faktoren (Hygienefaktoren u. Motivatoren) Theorie nach Herzberg
Hygienefaktoren führen zu extremer Unzufriedenheit, wenn sie fehlen — **Motivatoren** führen zu extremer Zufriedenheit, wenn sie vorhanden sind

Motivatoren (rechts):
- Leistungs-/Erfolgserlebnis
- Anerkennung
- Arbeit selbst
- Verantwortung
- Wachstum

Hygienefaktoren (links):
- Firmenpolitik und Verwaltung
- Überwachung
- Beziehung zum Vorgesetzten
- Arbeitsbedingungen
- Einkommen
- Persönliche Beziehung zu Kollegen
- Einfluß auf Privatleben
- Beziehung zu Untergebenen
- Status
- Sicherheit

prozentuale Ausprägung: 50 40 30 20 10 0 10 20 30 40 50

Die Theorien von Maslow und Herzberg sind schon recht alt, und daher fehlt es natürlich nicht an Kritikern, die sie als ‚veraltet' ansehen. Doch ihre Grundaussage ist wohl auch noch im Jahr 2017 gültig:

Allen Vorgesetzten sollte bewusst sein, dass die Motivation von Mitarbeitern sehr stark von der Befriedigung derer persönlicher Bedürfnisse abhängt. Nur so wird es möglich, beim Arbeitnehmer Zufriedenheit zu schaffen. Und dass motivierte und zufriedene Mitarbeiter besser arbeiten als unzufriedene und demotivierte, wird wohl niemand bestreiten.

2.5 Gestaltung der Arbeitsorganisation

Die Arbeitsorganisation sollte so ausgerichtet sein, dass sie die Arbeitsproduktivität und die **Humanisierung** der Arbeit fördert.
Unter Humanisierung der Arbeit versteht man die zusammenfassende Bezeichnung für alle auf die Verbesserung des **Arbeitsinhaltes** und der **Arbeitsbedingungen** gerichtete Maßnahmen um die Arbeitswelt möglichst menschengerecht zu gestalten.

So müssen die z.B. die Arbeitsplätze an die Körpermaße und die Körperkraft der Personen angepasst werden, die dort arbeiten sollen.

Neben der bereits geschilderten Abstimmung der Arbeit auf die Motive der Beschäftigten zählen dazu:

- Maßnahmen zum Gesundheitsschutz am Arbeitsplatz und zur Arbeitsplatzgestaltung (Ergonomie), um Risiken und körperliche Belastungen zu verringern.
- Maßnahmen zur Arbeitsorganisation und -strukturierung, die darauf abzielen, die psychische Arbeitsbelastung zu verringern, etwa durch Abbau von Monotonie.

2.5.1 Ergonomie

Die **Ergonomie** beschäftigt sich mit der Anpassung der Arbeitsplätze, der Arbeitsumgebung sowie der Arbeit selbst an die Bedürfnisse der Menschen. Sie soll insbesondere…

- *die Gefahr von Unfällen und Überforderungen vermeiden*
- *einseitige oder zu starke körperliche und psychische Belastungen vermeiden oder verringern*
- *einen guten Informationsfluss gewährleisten*

Tab. 4 - Ergonomie

ERGONOMIE-BEREICH	ZIEL	UMSETZUNG (Beispiele)
Anthropometrie	Anpassung der Arbeits-plätze an individuelle menschliche Körpermaße	* Individuell verstellbare Tische, Sitze und Steuerstände * Optimierung von Greifräumen * Passende Schutzausrüstung * Werkzeuge für Rechts- und Linkshänder
Arbeitsphysiologie	Vermeidung von körperlichen Schäden durch Überlastung und einseitige Belastung	* Hebevorrichtungen, Kräne * Einarm-Bedienungselemente * Gute, blendfreie Beleuchtung * Job-rotation (systematischer Arbeitsplatzwechsel)
Arbeitspsychologie	Vermeidung von geistigen Schäden durch Monotonie, Mobbing und Überforderung	* Schaffung einer angenehmen Arbeitsumgebung * Freundliche Farbgestaltung, Grünpflanzen * Lärmvermeidung, Dämmung * Freundlicher Umgangston
Sicherheitstechnik	Vermeidung von Unfällen	* Deutliche Kennzeichnung von Gefahrenquellen, Notausgängen und Notvorrichtungen * Sicherheitseinrichtungen * persönliche Schutzausrüstung
Informationstechnik	Reibungslose Kommunikation und Information	* Schwarzes Brett, Rundbrief * Intranet, Internet, Email * Arbeitsanweisungen * Handbücher, Fachliteratur

2.5.2 Arbeitsorganisation und –strukturierung

Wie bereits dargestellt, ergaben Herzbergs Untersuchungen, dass die Faktoren Arbeitsinhalt und Verantwortung bei der Arbeit einen wichtigen Einfluss auf die Mitarbeiterzufriedenheit haben.

Bevor wir uns ansehen, durch welche Maßnahmen man in der Praxis eine Erhöhung der Mitarbeiterzufriedenheit erzielen kann, betrachten wir zunächst die Eigenschaft der **Arbeitsteilung** industrieller Arbeit.

Wenn wir uns zum Beispiel die Herstellung eines Fahrzeuges vor Augen führen, fällt auf, dass dieses nicht komplett von einer Person gefertigt wird. In so einem Fall spricht man von Arbeitsteilung.

Arbeitsteilung bezeichnet den Prozess der Aufteilung eines Arbeitsvollzugs unter mehreren Menschen. Es bedarf der Koordination um die Teiloperationen (Mitarbeiterführung) wieder zusammenzuführen. Arbeitsteilung bewirkt Abhängigkeiten (**Verlust des Handlungsspielraums**) der einzelnen Akteure.

Die nachfolgend aufgeführten **Arbeitsgestaltungsmaßnahmen** können im Zuge der **Arbeitsfeldstrukturierung** dazu beitragen, den Handlungsspielraum und damit auch die Zufriedenheit der Mitarbeiter nachhaltig zu erhöhen. Außerdem tragen sie zu einer Humanisierung der Arbeit bei.

Job-Rotation

Job-Rotation= Systematischer Arbeits-und Aufgabenwechsel

Durchführung:
Periodischer Wechsel zu Arbeitsplätzen mit strukturell gleichartigen oder verschieden Tätigkeiten

Motivation:
- Erreichen einer höheren Qualifikationsstufe
- Erhaltung und Übung der Lernfähigkeit (Flexibilität)
- Verringerung von Schwierigkeiten bei der Identifikation mit einer bestimmten Arbeit, einem Arbeitsplatz oder einem Vorgesetzten bzw. einer Arbeitsgruppe

Vorteile:
- flexibler Einsatz der Mitarbeiter
- Abbau von einseitigen Körperbelastungen und Monotonie
- eventuell Qualitätssteigerung

Nachteile:
- höhere Lohn-und Anlernkosten
- schwierigere Abgrenzung der Verantwortlichkeiten

Abb. 11 - Job-Rotation

Job-Enlargement

Job-Enlargement = Arbeits-und Aufgabenerweiterung

Durchführung:
- Aneinanderreihung strukturell gleichartiger oder ähnlicher Arbeiten
- Beispiel: ein Mitarbeiter fertigt ein Werkstück alleine über die Produktionsschritte Bohren-Drehen-Fräsen, dann beginnt er das nächste Werkstück

Motivation:
- wie bei Jobrotation
- wenn jedoch der Neuheitseffekt vorüber ist, tritt auch hier langfristig wieder eine gewisse Monotonie ein

Vorteile:
- eventuell körperlicher Belastungswechsel
- Abnahme von Transportvorgängen
- Personaleinsparung möglich
- mehr Flexibilität im Personaleinsatz

Nachteile:
- erhöhte Lohn-und Anlernkosten
- Mehrfachbereitstellung von Material und Werkzeugen
- Schwierigkeiten bei der Planung und Überwachung

Abb. 12 - Job-Enlargement

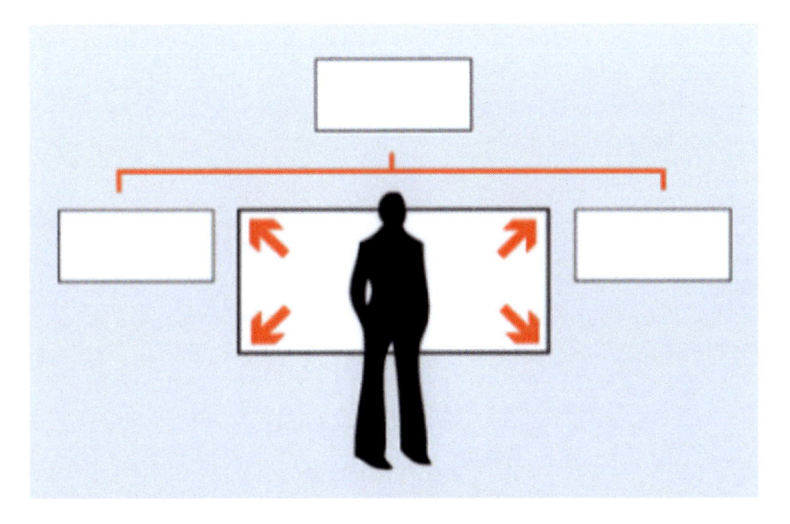

Arbeits- und Aufgabenerweiterung in horizontaler Richtung (innerhalb des Organigramms)

Job-Enrichment

Job-Enrichment = Arbeits-und Aufgabenbereicherung

Durchführung:
- Zusammenfassen von planenden, ausführenden und kontrollierenden Tätigkeiten für den einzelnen Mitarbeiter oder in der Gruppe
- Beispiel: ein Mitarbeiter bekommt von einem Industriemeister die Aufgabe, ein Werkstück für die Erfüllung einer bestimmten Arbeit anzufertigen. Der Mitarbeiter plant alleine, er führt die Arbeit durch und kontrolliert zum Schluss das Ergebnis. Ein solches Projekt könnte auch in der Gruppe gemeinsam ausgeführt werden.

Motivation:
- durch Abbau der Arbeitsteilung stärkere Identifikation mit dem Produkt
- durch Selbstständigkeit und gestiegene Anforderungen die Möglichkeit, sich fachlich und menschlich besser zu qualifizieren
- durch Beteiligung an Planungs- und Entscheidungsprozessen stärkere Integration und Kooperation in der Gruppe und damit im Betrieb
- Erfolgserlebnis durch sofortige Rückmeldung

Vorteile:
- Erhöhung der Arbeitsqualität
- Rückgang der Fluktuationsrate
- Verminderung der Fehlzeiten
- eventuell Erhöhung der Produktivität
- eventuell Personaleinsparungen, z. B. durch Wegfall einer Hierarchieebene

Nachteile:
- erhöhte Lohn- und Anlernkosten, gegebenenfalls aufwendigere Arbeitsplatzgestaltung

Abb. 13 - Job-Enrichment

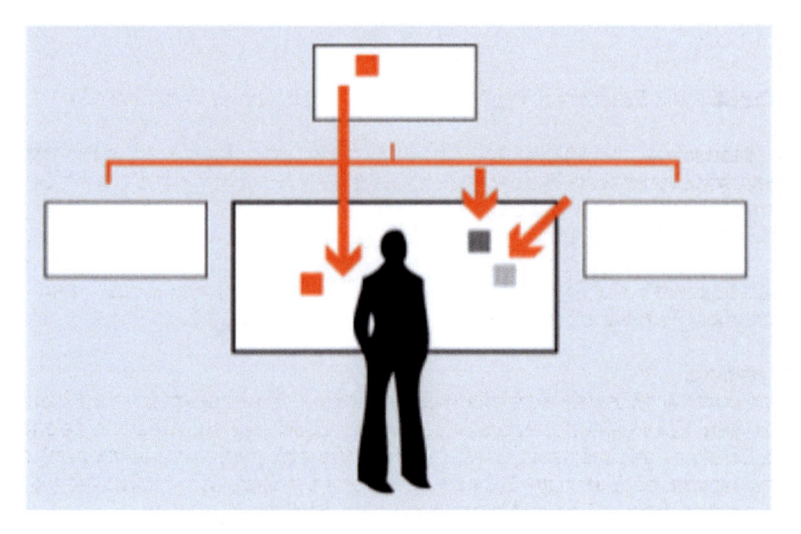

Arbeits- und Aufgabenerweiterung in horizontaler und vertikaler Richtung (innerhalb des Organigramms)

Qualitätszirkel

Um betriebliche Probleme zu erkennen und zu lösen, werden häufig Gruppen gebildet, denen Angehörige verschiedener Abteilungen angehören. Sie sind rein aufgabenorientiert und sollen erarbeiten, wo Verbesserungen notwendig sind und wie diese umgesetzt werden können.

Solche Problemlösegruppen können z.B. sein:

- *Projektgruppen*
- ***Qualitätszirkel***
- *Wertanalysegruppen*
- *Werkstattgruppen*

Diese Themen gehören jedoch nicht mehr in das Fach „Zusammenarbeit im Betrieb", sondern in das Fach „Betriebswirtschaftliches Handeln", wo sie detailliert behandelt werden *(vgl. auch das entsprechende VHZ-Buch).*

Daher wird hier nur ein Beispiel kurz umrissen, nämlich der:

'Qualitätszirkel'

Ziel:
Die Qualität von Produkten und Dienstleistungen sichern und verbessern.

Das Besondere an Qualitätszirkeln ist, dass die Mitarbeiter ohne direkte Vorgesetzte betriebliche Probleme lösen. Die Teilnahme an einer solchen Gruppe ist meist freiwillig. Die Gruppe setzt sich ihre Ziele weitgehend selbst, greift Probleme aus dem Arbeitsbereich der Gruppenmitglieder auf und löst diese allein oder mit Hilfe anderer. Qualitätszirkel werden nach der so genannten Moderationsmethode geführt. Durch die Moderationsmethode wird die Selbstständigkeit der Mitarbeiter in Besprechungen gefördert.

Moderation:
Ein solcher Qualitätszirkel benötigt einen Leiter, den man meist als Moderator bezeichnet. Ein Moderator koordiniert die Sitzungen und erteilt bzw. entzieht das Wort. Er ist weitgehend neutral und nimmt die Vorschläge der Teilnehmer auf, ohne sie zu bewerten. Erst zum Schluss, bei der gemeinsamen Auswertung dieser gesammelten Vorschläge, sollte er auch selbst Stellung beziehen.

2.6 Teamarbeit und ‚Teilautonome Arbeitsgruppen'

Zu den Rahmenbedingungen erfolgreicher Arbeit zählen auch die **Teamarbeit** und die Arbeit in ‚**Teilautonomen Arbeitsgruppen**'. In der Industrie, aber noch viel stärker im Bereich Gastronomie oder Schutz und Sicherheit, nimmt die Bedeutung dieser Formen der Arbeit stetig zu.

In beiden Fällen geht es darum, dass die Mitarbeiter gemeinsam als eine Einheit arbeiten und als ‚Team' gewisse Freiheiten haben. Sie sollen selbstständig miteinander kommunizieren, sich absprechen und Entscheidungen treffen.

Vorteile:

- Ein Team / eine teilautonome Arbeitsgruppe ist eine Gruppe von Mitarbeitern, die sich als Einheit sieht. Dieses ‚Wir-Gefühl' steigert die Motivation.
- Die Arbeitsteilung in der Gruppe wird – im Rahmen der Zielvorgaben durch die Betriebsleitung – von der Gruppe selbst und nicht von außen geregelt (Teilautonomie).
- Im Normalfall kann jedes Gruppenmitglied jeden Arbeitsplatz in der Gruppe besetzen (Stellvertretung oder Job-Rotation).
- Die direkte Kommunikation vor Ort verkürzt Entscheidungsprozesse, so dass eine raschere Fertigung oder Dienstleistung erfolgen kann.
- Die Qualitätskontrolle der Arbeitsergebnisse liegt bei der Gruppe / dem Team.
- Organisatorische Aufgaben abseits der reinen Arbeit werden gemeinsam geplant und entschieden, z.B. Urlaubs- und Schichtplanung, Zeitausgleich, Überstunden.

Nachteile:

- In einem Team / einer teilautonome Arbeitsgruppe muss ‚die Chemie' unter den Mitarbeitern stimmen. Ist dies nicht der Fall, kommt es evtl. zu Streit und damit zu geringerer Arbeitsleistung.
- Versteht sich ein Team / eine teilautonome Arbeitsgruppe zu gut, kann es sein, dass Weisungen der Vorgesetzten ignoriert oder Fehler vertuscht werden.

Da offenbar das **Gruppenverhalten** innerhalb eines Teams sowie das Verhalten der ganzen Gruppe nach außen von Bedeutung sind, beschäftigt sich das **nächste Hauptkapitel** mit diesem Thema.

3. Gruppenstrukturen und Gruppenverhalten

(Im Rahmenplan: Beurteilen von Einflüssen der Gruppenstruktur auf das Gruppenverhalten und die Zusammenarbeit sowie Entwickeln und Umsetzen von Alternativen)

3.1 Aufbau und Entwicklung von Gruppen

Durch wechselnde Anforderungen entwickelt sich der Mensch, innerhalb seiner sich verändernden sozialen Umwelt, fortlaufend weiter. Wichtige Lebensabschnitte sind z.B. der Wechsel vom Kindergarten zur Schule, vom Schulabgänger ins Berufsleben, vom Mitarbeiter zum Vorgesetzten oder vom Berufstätigen zum Rentner oder Pensionär.

Menschen unterscheiden sich nicht nur in ihrem Aussehen, sondern auch in ihrem Verhalten und in ihrem Erleben. Dennoch kann man feststellen, dass jedes Individuum nach Gemeinsamkeiten mit anderen sucht. Der Mensch versucht fast immer, seine eigene Persönlichkeit in eine Gruppe von Gleichartigen oder Gleichgesinnten einzubringen, wie etwa Motorradfreunden gegenüber Autofahrern oder junge Menschen gegenüber älteren.

Bereits im Laufe der kindlichen Entwicklung bildet jeder Mensch eine eigene Persönlichkeit aus (siehe Kapitel 1). Er passt sich dabei aber weitgehend den Normen und Erwartungen der Gruppen an, denen er gerade angehört, wie z.B. den Regeln der Clique oder den Normen der Schule oder des Betriebs. Immer wieder muss sich der Mensch in einer neuen Umgebung oder Organisation zurechtfinden und sich in andere Gruppen einfügen.

Allgemeine Merkmale einer Gruppe:

- Eine Gruppe besteht aus mindestens drei Personen: Als Kleingruppen bezeichnet man solche mit 3 bis ca. 8 Personen, als Großgruppen solche ab ca. 8 Personen.
- Gemeinsame Ziele und Interessen: Sie sind die „Schnittmenge", die eine Gruppe von an sich eigenständigen Persönlichkeiten benötigt und bilden den Orientierungsrahmen für die Mitglieder der Gruppe.
- Es bestehen unter den Mitgliedern vielfältige gegenseitige Kontakte.
- Dauerhaftigkeit: Eine Gruppe wird nur dann so bezeichnet, wenn sie auf Dauer angelegt ist. Eine zufällige Menschenmenge auf einem Bahnsteig ist noch keine Gruppe. Es besteht zwar ein gemeinsames Interesse (Transport mit der Bahn), aber kein dauerhafter Kontakt. Auch bei einem Protestmarsch besteht nur eine einzige, kurze Interessensgleichheit – danach gehen die Teilnehmer wieder getrennte Wege

Weitere Merkmale einer Gruppe, wenn sie über **längere Zeit** Bestand hat:

- Identität: Die Gruppe ist als solche von außen erkennbar.
- "Wir-Gefühl": Solidarität unter den Gruppenmitgliedern und Abgrenzung gegenüber anderen Gruppen. Das Gefühl der Zugehörigkeit hängt wesentlich davon ab, ob das Mitglied für die Gruppe und die Gruppe für das Mitglied von Nutzen ist.
- Verhaltensnormen und –werte: Die Gruppe handelt nach allgemein anerkannten Vorstellungen, die für die Gruppenmitglieder verbindlich sind. Abweichungen werden von der Gruppe nicht gern gesehen und „bestraft", z.B. durch Kritik oder gar Ausgrenzung.
- Rangordnung: Jedes Gruppenmitglied nimmt eine bestimmte Stellung in der Gruppe ein und spielt „seine" Rolle, z.B. als Anführer, Mitläufer oder Gruppenclown.

3.1.1 Homogene und heterogene Gruppen

Eine Gruppe ist **homogen** (gleichartig), wenn ihre Mitglieder ähnlich sind (z.B. hinsichtlich Bildungsstand, Herkunft, Sprache, Beruf, Geschlecht, Erfahrungen). Diese Gemeinsamkeiten machen es der Gruppe meist leichter, untereinander Kontakt aufzubauen, gemeinsame Ziele zu definieren und Ergebnisse zu erreichen.

Eine Gruppe ist **heterogen** (verschiedenartig), wenn ihre Mitglieder unähnlich sind (z.B. hinsichtlich Alter, Schulabschluss, Ausbildung, Nationalität, Muttersprache, Religion, Kultur, Traditionen). Diese Unterschiede können es der Gruppe erschweren, zu einer gemeinsamen, erfolgreichen Zusammenarbeit zu finden. Auch ist die Gefahr von Missverständnissen, Konflikten und Ausgrenzungen innerhalb der Gruppe größer.

3.1.2 Formelle Gruppen

Formelle Gruppen bestehen aus Menschen, die ohne ihr Zutun zur Gruppe geformt wurden. Im Betrieb werden sie z.B. als Abteilung, Montagegruppe oder Einsatzgruppe „von oben" (d.h. durch die Vorgesetzten) zusammengestellt. Hauptkriterien sind dabei die Qualifikation, die zu bearbeitenden Aufgaben sowie technisch-organisatorische Gesichtspunkte. Der „Leiter" einer formellen Gruppe wird meist ebenfalls "von oben" bestimmt, also von den höheren Vorgesetzten.

Eine formelle Gruppe kann grafisch dargestellt werden, z.B. durch ein Organigramm. Die folgende Grafik ist ein (stark vereinfachter) Ausschnitt aus dem Organigramm eines Unternehmens und zeigt die Struktur einer Montageabteilung, wobei die Pfeile angeben, wer wem gegenüber weisungs-befugt ist:

Abb. 14 - Formelle Gruppe (Organigramm)

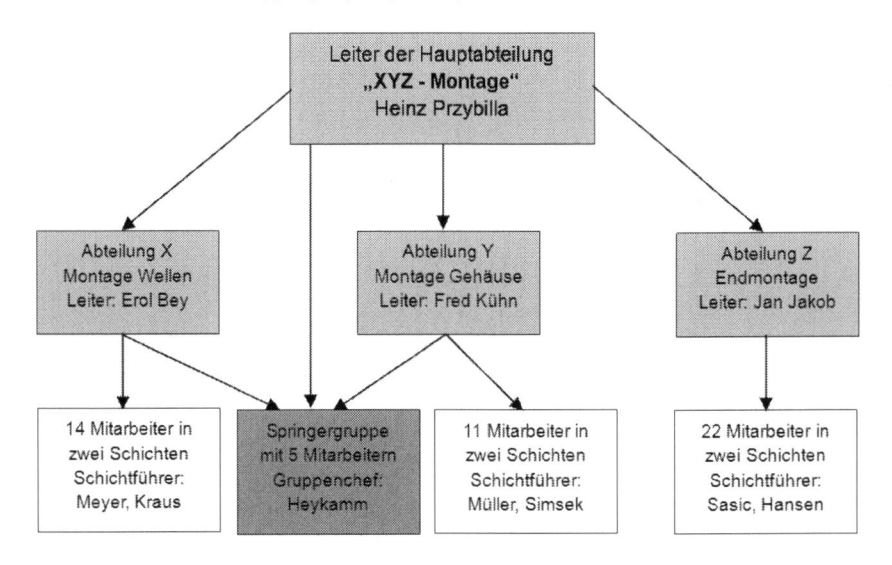

```
                    ┌─────────────────────────┐
                    │ Leiter der Hauptabteilung│
                    │    „XYZ - Montage"      │
                    │     Heinz Przybilla     │
                    └─────────────────────────┘
           ┌───────────────┼───────────────┐
           ▼               ▼               ▼
    ┌───────────┐   ┌───────────┐   ┌───────────┐
    │ Abteilung X│   │ Abteilung Y│   │ Abteilung Z│
    │Montage Wellen│ │Montage Gehäuse│ │ Endmontage │
    │Leiter: Erol Bey│ │Leiter: Fred Kühn│ │Leiter: Jan Jakob│
    └───────────┘   └───────────┘   └───────────┘
         │          │         │            │
         ▼          ▼         ▼            ▼
   ┌──────────┐ ┌─────────┐ ┌──────────┐ ┌──────────┐
   │14 Mitarb.│ │Springer-│ │11 Mitarb.│ │22 Mitarb.│
   │in zwei   │ │gruppe   │ │in zwei   │ │in zwei   │
   │Schichten │ │mit 5 MA │ │Schichten │ │Schichten │
   │Schichtf.:│ │Gruppen- │ │Schichtf.:│ │Schichtf.:│
   │Meyer,    │ │chef:    │ │Müller,   │ │Sasic,    │
   │Kraus     │ │Heykamm  │ │Simsek    │ │Hansen    │
   └──────────┘ └─────────┘ └──────────┘ └──────────┘
```

In einer formellen Gruppe muss zunächst weder gegenseitige Sympathie noch ein Gruppenbewusstsein vorhanden sein. Es wäre aber sicher für alle Beteiligten angenehmer, wenn sich solche Faktoren möglichst bald herausbildeten.

3.1.3 Informelle Gruppen

Innerhalb der vorgegebenen, betrieblichen Struktur werden sich mit der Zeit informelle Gruppen bilden, die mehr oder minder dauerhaft sind und sich stark auf die Stimmung und den Betriebsablauf der „formellen" Gruppe/Abteilung auswirken können.

Voraussetzung für die Bildung einer informellen Gruppe sind vor allem drei Faktoren:

- Es besteht ein Mindestmaß an gegenseitiger Sympathie;
- Die Mitglieder sind durch Gemeinsamkeiten verbunden (z.B. Einstellungen, Herkunft, Hobbys);
- Ein häufiger Kontakt ist dauerhaft möglich.

Informelle Gruppen existieren auch innerhalb eines formellen Gruppensystems, sie können mehrere Gruppensysteme überspannen, über den Betrieb hinaus bestehen sie oft auch außerhalb des Betriebes. Der Einzelne muss sein Verhalten dem der Gruppe anpassen. Er wird "bestraft", wenn er von den Spielregeln abweicht. Der Einzelne kann also nicht immer handeln wie er möchte, sondern muss abwägen, wie viel ihm die Gruppe bedeutet und wie wichtig ihm im Vergleich dazu seine eigenen Interessen sind.

In fest gefügten informellen Gruppen ensteht ein Gefühl der Zusammengehörigkeit: Je höher der Zusammenhalt in einer Gruppe ist, desto mehr werden „Gruppen-Normen" (d.h. Spielregeln) ausgebildet.
Zudem bilden sich Rollen heraus, die jeder zu „spielen" hat. Die Rollen werden innerhalb der Gruppe unterschiedlich bewertet: Manche Rollen sind begehrt und geachtet (z.B. die des Wortführers der Gruppe), andere Rollen sind hingegen weniger beliebt (z.B. die eines Mitläufers oder eines Außenseiters). Die Wertschätzung einer Rolle innerhalb der Gruppe nennt man Status.

Rolle: Die Position / Funktion, die eine Person in der Gruppe einnimmt.
Status: Die Wertschätzung, die eine Rolle in der Gruppe genießt.

Je größer eine informelle Gruppe ist, desto mehr Rollen gibt es zu besetzen.

In der folgenden Übersicht werden typische Rollen in einer größeren informellen Gruppe sowie deren Status beschrieben (*siehe Tab. 5, nächste Seite*). Dazu erhalten Sie Empfehlungen, wie ein (formeller) Vorgesetzter mit diesen Rollen umgehen sollte.

Tab. 5 – Typische Rollen in informellen Gruppen

Rolle	Beschreibung (beispielhaft verkürzt)	Status	Führungsverhalten
Der Anführer, Star	Er bündelt und/oder beeinflusst die Meinungen der Gruppe und vertritt sie offensiv nach außen.	Sehr hoch	Kooperativer Führungsstil; die Anerkennung des „Stars" sollte in die eigene Führungsarbeit eingebunden werden. Die Vorbildfunktion des Vorgesetzten ist wichtig.
Der Beliebteste	Er ist die „gute Seele" der Gruppe, wird von allen geschätzt, will oder kann aber die Gruppe nicht führen.	Hoch	Anerkennung und Vermittlung des Gefühls, wie wichtig er für die gemeinsame Arbeit ist.
Der Spaßvogel	Er ist für die Stimmung in der Gruppe wichtig, muntert auf und ist immer für einen Scherz zu haben.	Meist hoch	Toleranz zeigen - solange er seine Späße nicht auf Kosten anderer macht, ist er eine Belebung der Gruppe.
Der Freche	Oft ein Wichtigtuer, der durch provozierendes Verhalten auffallen will.	unklar	Sorgfältig beobachten, um im richtigen Moment Grenzen setzen zu können. Konsequent und streng auftreten.
Der Intrigant	Er versucht, „hintenrum" die Fäden zu ziehen, um seine Ziele zu erreichen.	unklar	Eventuell Sanktionen androhen, die im Notfall auch durchzuführen sind.
Die Mitläufer	Sie verstärken die Gruppe zahlenmäßig, bleiben aber unauffällig und neutral.	Eher gering	Vorsicht – viele Mitläufer zeigen ihr „wahres Gesicht" nicht und sind daher schwer einzuschätzen.
Der Quertreiber	Er stellt die Gruppe und deren Normen in Frage, vertritt seine Meinung aber nur nach innen.	Eher gering	Fragen Sie sich, warum er sich so verhält. Oft ist er unterfordert.
Der Außenseiter	Er gehört zwar zur Gruppe, sondert sich aber selbst ab oder wird von den anderen geschnitten.	Sehr gering	Zunächst versuchen, in einem Gespräch zu klären, warum der Mitarbeiter die Außenseiterrolle einnimmt.

Auch eine informelle Gruppe kann grafisch dargestellt werden, und zwar durch ein Soziogramm. Die folgende Grafik ist ein (stark vereinfachtes) Soziogramm einer Abteilung und zeigt die Struktur der informellen Beziehungen innerhalb einer (formellen) Arbeitsgruppe. Die Pfeile geben an, wer mit wem gut (schwarz) oder nicht gut (grau) auskommt:

Gruppenstrukturen und Gruppenverhalten, 3.1.3

Abb. 15 - Informelle Gruppen (Soziogramm)

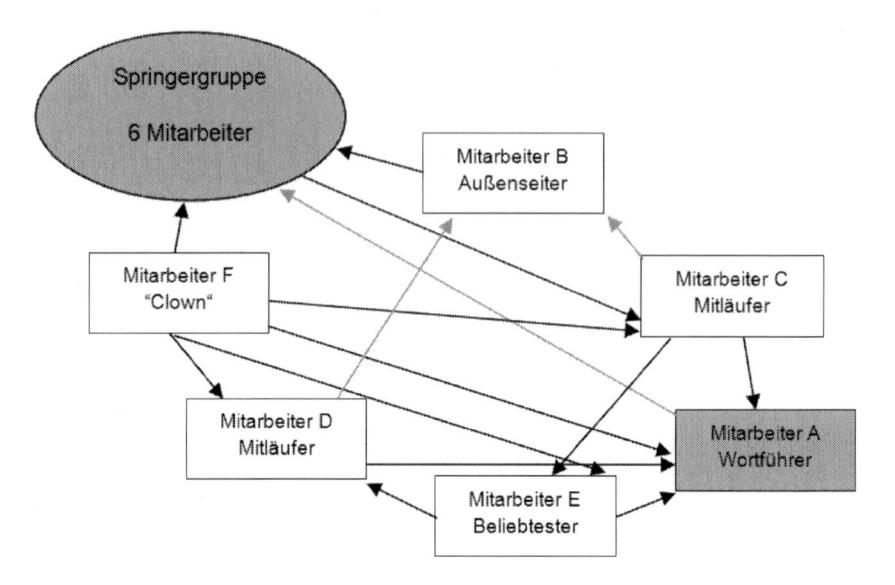

[Soziogramm:
- Springergruppe 6 Mitarbeiter
- Mitarbeiter B – Außenseiter
- Mitarbeiter F – "Clown"
- Mitarbeiter C – Mitläufer
- Mitarbeiter D – Mitläufer
- Mitarbeiter A – Wortführer
- Mitarbeiter E – Beliebtester]

Hier das Wichtigste noch einmal im Überblick:

Formelle Gruppen	Informelle Gruppen
• Ziele, Normen, Regeln sind „von oben" vorgegeben	• Sympathie, gemeinsame Interessen sowie ein häufiger Kontakt bilden die Grundlage informeller Gruppen
• Die Führungsperson wird „von oben" eingesetzt und verfügt über Weisungsbefugnisse	• Ziele Normen, Regeln werden durch die Gruppe selbst gestaltet, sie bilden sich heraus
• Strukturen und Informationsflüsse sind durchsichtig und für Außenstehende erkennbar	• Die Kommunikation bedient sich eines schwer zu überschauenden Netzes; Informationen sind eher willkürlich und sind für Außenstehende oft nicht verständlich („kodiert")
• Kommunikation und Information werden „von oben" geregelt, z.B. durch vorgeschriebene Abläufe und Prozesse	• Rolle und Status der einzelnen Gruppenmitglieder sind relativ dauerhaft
• Der Handlungsspielraum ist begrenzt auf die Aufgaben, die es zu erfüllen gilt	• Abweichungen von den „Spielregeln" der Gruppe werden meist sanktioniert ("bestraft")
• Der emotionale Kontakt (Sympathie) zwischen den Gruppenmitgliedern ist zweitrangig	• Der "Wortführer" hält die Gruppe zusammen; wird er neutralisiert, droht die Gruppe zu zerfallen
• Bei mangelnder formeller Führung bildet sich oft eine informelle Führung um den "Wortführer"	

3.1.4 Auswirkung informeller Gruppen auf die formelle Gruppenstruktur

Die Bildung informeller Gruppen im Betrieb kann sich recht unterschiedlich auf die Organisation einer formellen Gruppe auswirken. Hier eine Übersicht::

Auswirkungen informeller Gruppen auf die formelle Gruppenstruktur	
Positiv	Negativ
Schnelle, unbürokratische Kommunikation innerhalb und zwischen Abteilungen	Von den Organisationszielen abweichende Gruppenziele und Gruppenformen
Befriedigung von Bedürfnissen, die von der formellen Gruppe nicht geleistet wird (z.B. gegenseitige Hilfe und Anerkennung);	Verbreitung von Gerüchten über informelle Kanäle
Schließung von Lücken, die bei der formellen Regelung von Arbeitsabläufen nicht zu vermeiden sind	Isolierung unbeliebter Mitarbeiter; Gruppenzwang

3.1.5 Weitere Grundbegriffe aus der Soziologie

Rolle/Position

Sie beschreibt die Funktion (den „sozialen Ort") des Einzelnen in der Gruppenstruktur und ist verbunden mit bestimmten Rechten und Pflichten.

Beispiel 1: In einer informellen Gruppe ist der „Wortführer" der Sprecher der Gruppe. Von ihm wird erwartet, dass er die Meinungen und Einstellungen der Gruppe bündelt und diese nach außen und nach oben vertritt.

Beispiel 2: In einer formellen Gruppe ist z.B. der „Abteilungsleiter" eine Person mit offiziell definierten Rechten (z.B. Weisungsbefugnis) und Pflichten (Verantwortung für das Betriebsergebnis seiner Abteilung).

Status

Die Wertschätzung, die eine Rolle in der Gesellschaft (oder bei den anderen Gruppenmitgliedern) genießt, bezeichnet man als Status. Der Status bezieht sich dabei auf die Rolle und nicht etwa auf den Menschen, der diese Rolle einnimmt.

Beispiel: Die Position eines Geschäftsführers hat einen hohen Status, weil seine Rolle wichtig und mit „Macht" verbunden ist. Der Geschäftsführer selbst kann hingegen als Mensch äußerst unbeliebt sein.

Statussymbol

So werden nach außen hin sichtbare Zeichen oder Privilegien bezeichnet, die den Status einer Rolle unterstreichen sollen.

Beispiel: Im Betrieb gelten ein eigenes Büro, ein eigener Parkplatz oder ein repräsentativer Firmenwagen als typische Statussymbole.

Gruppennorm

Gruppennormen sind festgelegte Regeln („Spielregeln") für das Verhalten innerhalb einer Gruppe und/oder der Gruppe nach außen hin.

Beispiel 1: In einer formellen Gruppe (Abteilung) herrscht ein hoher Leistungsanspruch - die Gruppe ist stolz darauf, besser als andere Gruppen zu sein (Gruppennorm). Wer das Ergebnis der Gesamtgruppe durch Minderleistung untergräbt, verstößt gegen diese Norm und wird sanktioniert, z.B. durch Ausgrenzung.

Beispiel 2: In einer informellen Gruppe besteht eine Abneigung gegen einen bestimmten Fußballverein. Wer sich dennoch mehrfach positiv zu diesem Verein äußert, wird von der Gruppe evtl. ausgegrenzt.

Gruppendruck

Mit Gruppendruck ist gemeint, das sich Mitarbeiter, die normalerweise anders handeln würden, sich dem Verhalten der Gruppe anpassen.

Beispiel: Ein neuer Mitarbeiter empfindet es als falsch, dass bei Arbeiten unter Zeitdruck auf die Einhaltung bestimmter Sicherheitsstandards verzichtet wird. Um aber im Kollegenkreis nicht negativ aufzufallen, macht er gegen seine Überzeugung trotzdem mit.

Ausgleichsregel

Je länger eine Gruppe besteht, desto mehr gleichen sich meist die Ansichten und das Verhalten der einzelnen Gruppenmitglieder aneinander an.

Distanzierungsregel

Wenn in einer Gruppe ein sehr starkes „Wir-Gefühl" besteht, dann grenzt sich eine Gruppe nach außen hin immer weiter ab – sie distanziert sich von den anderen.

Soziale Rollen

Jeder Mensch bekleidet im Leben gleichzeitig verschiedene soziale Rollen, z.B. als Familienvater, Meister im Betrieb, Vereinsmitglied, Trainer im Fußballverein. Diese sozialen Rollen sind nicht immer miteinander zu vereinbaren. Die dadurch auftretenden Probleme bezeichnet man als Rollenkonflikte.

Rollenkonflikte

An jede Rolle sind Erwartungen geknüpft. Sind die Rollen, die ein Mensch in den verschiedenen Gruppen, denen er angehört, völlig widersprüchlich oder können diese nicht gleichzeitig miteinander vereinbart bzw. koordiniert werden, entsteht ein Rollenkonflikt. Man unterscheidet dabei zwischen dem Intra- und dem Inter-Rollenkonflikt.

Intra-Rollenkonflikt

Dieser entsteht dann, wenn eine Person in einen „innerlichen" Rollenkonflikt gerät und nicht sicher ist, wie sie sich nun verhalten soll.

Beispiel: Ein Familienvater bildet im Betrieb seine eigene Tochter aus. Als Vater (Rolle A) wird von ihm erwartet, dass er die Tochter besonders schützt und fördert. Als Ausbilder (Rolle B) wird hingegen erwartet, dass er alle Auszubildenden gleich behandelt und nicht etwa seine Tochter bevorzugt.

Inter-Rollenkonflikt:

Dieser entsteht dann, wenn eine Person in einen „äußerlichen" Rollenkonflikt gerät, weil zwei oder mehrere Gruppen, denen sie privat und/oder beruflich angehört, widersprüchliche Erwartungen haben.

Beispiel: Eine Meisterin müsste heute Mehrarbeit leisten, weil ein wichtiger Zusatzauftrag hereingekommen ist. Aber ihr Sohn hat heute Geburtstag, und sie hat versprochen, pünktlich daheim zu sein. Außerdem ist heute auch noch Vorstandssitzung des Sportvereins, dem sie in leitender Funktion angehört.

Gruppenstrukturen und Gruppenverhalten, 3.1.6

Grafisches Beispiel für Rollenkonflikte:

Abb. 16 – Rollenkonflikt

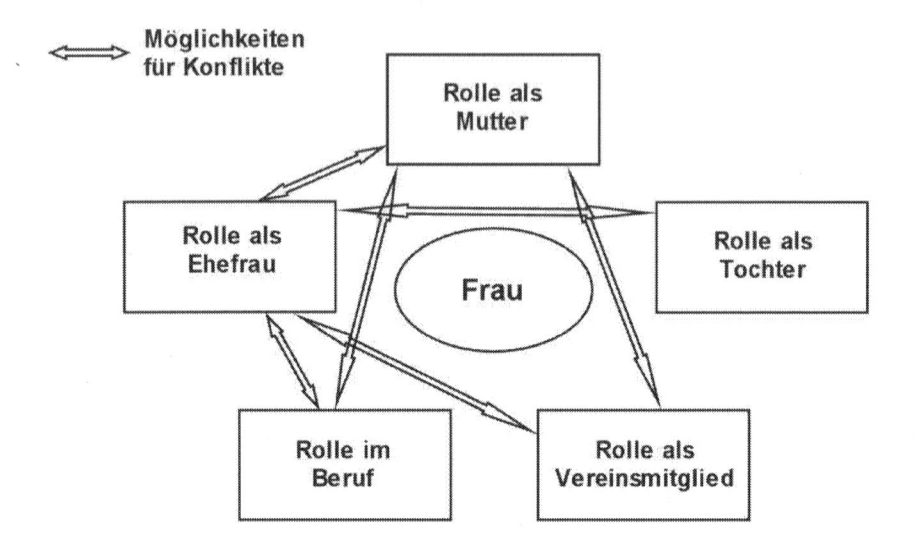

⇔ **Möglichkeiten für Konflikte**

```
                    ┌──────────────┐
                    │  Rolle als   │
                    │    Mutter    │
                    └──────────────┘
    ┌──────────────┐     ╱─────╲      ┌──────────────┐
    │  Rolle als   │    │ Frau  │     │  Rolle als   │
    │   Ehefrau    │     ╲─────╱      │   Tochter    │
    └──────────────┘                   └──────────────┘
            ┌──────────────┐   ┌──────────────────┐
            │   Rolle im   │   │    Rolle als     │
            │    Beruf     │   │  Vereinsmitglied │
            └──────────────┘   └──────────────────┘
```

In jeder dieser Rollen werden unterschiedliche Erwartungen an die Frau gestellt - diese können aber meist nicht gleichzeitig bedient werden.

Beispiel 1: Bei Krankheit des Kindes wird z.B. die Rolle als Mutter hervortreten, während gleichzeitig die anderen Rollen an Wichtigkeit verlieren. Folge: Der Betrieb, der Ehemann oder die Freunde im Verein müssen „vernachlässigt" werden, d.h. deren Erwartungen werden nicht erfüllt.

Beispiel 2: Eine Frau muss Mehrarbeit leisten, weil ein Kollege krank ist. Sie muss nun abwägen, ob sie diese Zusatzarbeit annimmt oder ablehnt, je nachdem, wie wichtig ihr die anderen „Rollen" sind, denen sie sich im privaten Bereich verpflichtet fühlt.

3.1.6 Gruppendynamik

Gruppen verändern sich im Verlauf ihrer Existenz. Dies geschieht einerseits durch Impulse, die von außen in die Gruppe getragen werden, z.B. durch neue Mitglieder, die es zu integrieren gilt. Andererseits gibt es auch im Inneren der Gruppe typische Entwicklungen, die unter dem Begriff Gruppendynamik zusammengefasst werden können.

Ein Beispiel für die Darstellung dieser gruppendynamischen Entwicklung ist die vom US-Soziologen Bruce Tuckman eingeführte „Teamuhr". Sie zeigt, dass Gruppen in bestimmten Phasen ihrer Existenz ganz typischen Veränderungen unterliegen.

Abb. 17 - Teamuhr nach Bruce Tuckman

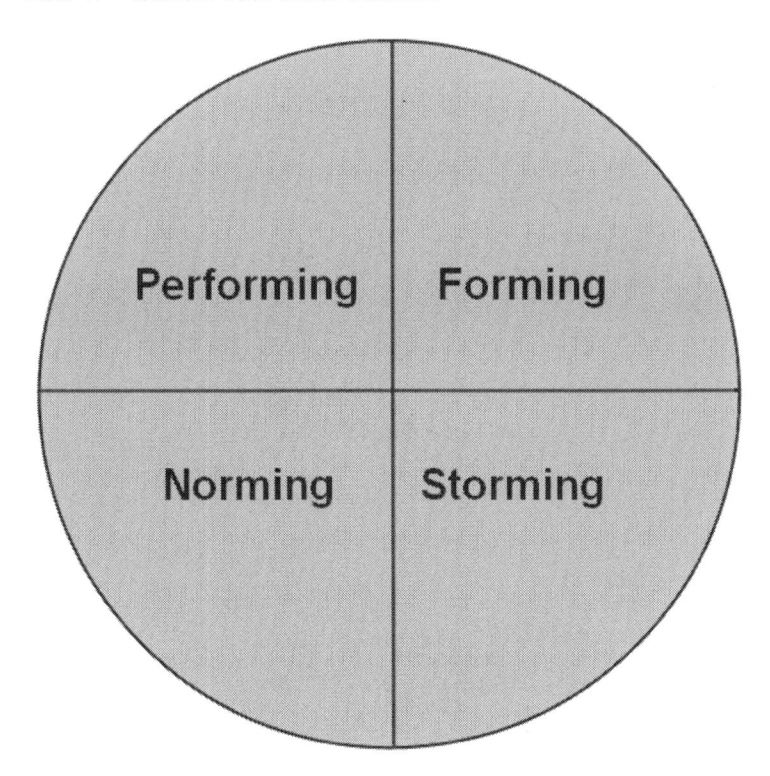

Gruppenstrukturen und Gruppenverhalten, 3.1.6

Nun soll gezeigt werden, wie die vier typischen Gruppenphasen in der Praxis sichtbar werden und welches Führungsverhalten des Vorgesetzten jeweils empfehlenswert ist.

Tab. 6 - Gruppenphasen

Gruppenphase	Verhalten der Gruppe	Verhalten des Vorgesetzten
1. Phase („Forming") (Formierungsphase)	- Mitglieder sind sich noch fremd - Unsicherheit, Zurückhaltung - Anspannung, Misstrauen	- Kennenlernen ermöglichen - Gründliche Einführung in die betrieblichen Standards - Vorbild abgeben
2. Phase („Storming") (Konfliktphase)	- Spannungen, Machtkämpfe - Beginnende Rollenfindung - Bildung von Hierarchien - Provokationen gegenüber dem Vorgesetzten	- Grenzen setzen - Neutral bleiben, Ruhe bewahren, sich nicht provozieren lassen - Schwächere unauffällig stützen - Stärkere ein wenig bremsen
3. Phase („Norming") (Normierungsphase)	- Interaktion wächst - Normen („Spielregeln") bilden sich heraus - Ein „Wir-Gefühl" entsteht - Abgrenzung zu anderen Gruppen	- Gruppe unterstützen - Sachaufgaben in den Vordergrund stellen - Zu starker Abkapselung der Gruppe gegenüber anderen Gruppen entgegenwirken
4. Phase („Performing") (Leistungsphase)	- Stabilität, Rollen sind gefestigt - Gegenseitiges Vertrauen - Sachaufgaben werden z.T. intern verteilt - Kooperation nach innen und nach außen läuft gut	- Sachaufgaben abarbeiten - Selbstständiges Arbeiten Ermöglichen - Anregungen und Impulse geben

Tuckman hat 1970 seinem oben geschilderten Modell noch eine fünfte Phase hinzugefügt. Er nennt sie die „Auflösungsphase" (adjourning). Sie gilt für Gruppen, deren Mitgliedern klar ist, dass die Gruppe in ihrer bisherigen Form nicht mehr weiter existieren wird.

Beispiel 1: *Eine Firma geht in Insolvenz, die Zukunft der Mitarbeiter ist unklar.*

Beispiel 2: *Ein mehrmonatiger Fortbildungslehrgang steht kurz vor den abschließenden Prüfungen.*

Gruppenphase	Verhalten der Gruppe	Verhalten des Vorgesetzten
5. Phase („Adjourning") (Auflösungsphase)	- Zukunftsängste, Frustration - Prüfungsangst - Hektik oder Resignation - Gemeinsam Erlebtes wird betont und „glorifiziert"	- Vorbildfunktion - Perspektiven verdeutlichen - Ruhe bewahren

3.2 Gruppenarbeit im Betrieb

Abschließend sollen die Vorteile und Nachteile der **Gruppenarbeit** sowie die möglichen Konsequenzen für den Vorgesetzten zusammengefasst werden.

Vor- und Nachteile von Gruppenarbeit im Betrieb	
Vorteile	Nachteile
- Größeres Leistungs- und Informationsvermögen	- Höherer Zeit- und Kostenaufwand
- Höhere Akzeptanz von gemeinsamen Lösungen	- Anpassungsdruck für den einzelnen Mitarbeiter
- Verständnis für gemeinsame Entscheidungen	- Gefahr von unwirtschaftlichem Verhalten
- Verbesserung der Sozialkompetenz	- Verantwortung ist evtl. nicht mehr klar erkennbar
- Leistungseinschätzung innerhalb der Gruppe	

3.2.1 Grundsätze für die Zusammensetzung betrieblicher Arbeitsgruppen

Die Effizienz einer Arbeitsgruppe hängt von vielen Faktoren ab. Dazu zählen unter anderem:

- Die Größe der Gruppe (höchstens 8-12 Mitarbeiter)
- Die arbeitsplatzbezogene Nähe ihrer Mitglieder
- Die Bekanntheit der Gruppe im Betrieb
- Die Verbundenheit und Geschlossenheit ihrer Mitglieder im Auftreten nach außen

Auf diese Faktoren ist bei der Zusammensetzung von Gruppen auch zu achten, um Zwist, Konflikte und Misserfolge weitgehend zu vermeiden.

Von jedem Mitglied einer Arbeitsgruppe wird eine **Anpassungsleistung** verlangt, die sich z.B. auf die Ziele der Gruppe bezieht, aber auch auf die von einer Mehrheit der Gruppe gewünschten Mittel und Wege, wie dieses Ziel erreicht werden soll. Daneben spielen auch die persönlichen Beziehungen innerhalb der Gruppe eine Rolle.

Abb. 18 - Gruppennormen

Fleiß **Ehrgeiz** **Mut** **Fairness** **Teamgeist** **Disziplin** **Werte** **Ehrgeiz** **Gerechtigkeit** **Toleranz** **Einsatzbereitschaft** **Ehrlichkeit**

Vorgesetzte haben dafür zu sorgen, dass es allen Gruppenmitgliedern gelingt, diese Anpassung zu vollziehen.

Darüber hinaus sollten Vorgesetzte versuchen, die positiven Kräfte der Gruppe zu nutzen (wie z.B. den Gruppenzusammenhalt). Will man derartige gruppendynamische Prozesse zum Nutzen des Betriebes und der Mitarbeiter steuern, benötigt man Erfahrung im Umgang mit Gruppen sowie die oben dargelegten Kenntnisse über das Verhalten in Gruppen.

3.2.2 Einfluss des Vorgesetzten auf die Gruppe

Eine gute Zusammenarbeit im Betrieb setzt voraus, dass die Vorgesetzten auf eine bestmögliche Zusammensetzung der Arbeitsgruppen achten.

Im Idealfall wird man sich bei der Zusammensetzung einer Gruppe nicht nur an fachlichen Kriterien wie qualitativer Eignung, Ausbildung und Spezialkenntnissen orientieren, sondern auch persönliche Kriterien wie Sympathie/Antipathie, Alter oder bestehende informelle Strukturen (Rollen) berücksichtigen.

Leider sind in der Praxis diese Rahmenbedingungen selten ideal:

- Nicht immer werden die Vorgesetzten bei der Personalauswahl (z.B. bei Bewerbungsgesprächen) hinzugezogen, sondern müssen mit den Leuten auskommen, die von der Personalabteilung ohne ihr Zutun eingestellt worden sind;
- Häufig bringen krankheitsbedingte Abwesenheiten oder Auftragsspitzen die Personalplanung und damit die Gruppeneinteilung der Vorgesetzten durcheinander und zwingen zum Improvisieren.

Das kann aber nicht heißen, dass sich Vorgesetzte nicht um eine sorgfältige Gruppeneinteilung zu bemühen brauchen. Gerade in Stressphasen hat sich oft gezeigt, dass eine mit Geschick und soziologischer Umsicht improvisierte „Notfall-Gruppe" zu hoher Leistung fähig ist und - im Erfolgsfall - vielleicht sogar durch die gemeinsam bewältigte Aufgabe zusammengeschweißt wird.

3.2.3 Human-Resource-Ansatz

Gruppenarbeit hat heute (2017) in den meisten Betrieben einen hohen Stellenwert – in fast jeder Stellenausschreibung ist von Teamarbeit und Teamfähigkeit die Rede.

Was früher „Personalbüro" oder „Personalabteilung" hieß, nennt man heute in vielen größeren Unternehmen „Human Resource".

Der Begriff **Human Resource** kommt aus dem amerikanischen Englisch und bedeutet wörtlich übersetzt „menschlicher Rohstoff". Auf den ersten Blick könnte man meinen, dass hier die Mitarbeiter herabgewürdigt und auf eine Stufe mit Material oder Betriebsstoffen gestellt werden – aber gerade das ist **NICHT** gemeint.

Der **Human-Resource-Ansatz** unterstellt vielmehr, dass sich durch Teamarbeit das Leistungsverhalten der Mitarbeiter entscheidend verbessern lässt. Gefragt ist in diesem Zusammenhang nicht mehr der reine Arbeiter, der ausschließlich vorgegebene Stückzahlen und Qualitätsvorgaben erfüllt, sondern ein Mitarbeitertyp, der sich kritisch mit seiner Arbeit und dem gesamten Arbeitsumfeld auseinandersetzt, Verbesserungsvorschläge entwickelt und zusammen mit seinen Kollegen die Umsetzung dieser Ideen vorantreibt.

3.2.4 Behandlung und Beeinflussung von Gruppen im Betrieb – Zusammenfassung

Im Betrieb wirken sich die Normen von informellen Gruppe auf das Leistungsverhalten und die Einstellungen gegenüber dem Vorgesetzten und anderen Gruppen aus. Ist die Einstellung zu Betrieb und Arbeit positiv, so wird die Gruppe hohe Leistungen erbringen, ist sie jedoch negativ, so werden ihre Leistungen sinken. So wird beispielsweise selbst bei Akkordlohn kaum jemand besser als die übrige Gruppe arbeiten, deren Einstellung dem Betrieb gegenüber negativ ist, da er ansonsten von der Gruppe "bestraft" werden würde.

Somit muss es Ziel eines jeden Vorgesetzten sein, den Zusammenhalt innerhalb der Gruppe zu stärken und gleichzeitig deren Einstellung sich selbst und dem Betrieb gegenüber positiv zu beeinflussen. Eine solche Gruppe werden hohe Leistungsnorm und eine angemessene Verhaltensnorm kennzeichnen.

Bei der Zusammenstellung einer Gruppe sollte darauf geachtet werden, dass ihre Mitglieder zusammenpassen („Homogenität"). Nach einer Neueinstellung ist darauf zu achten, dass sich der neue Mitarbeiter in die Gruppe rasch einfügt.

- Eine positive Einstellung der Gruppe wird durch die Information der Mitarbeiter über wichtige Neuerungen, Arbeitsabläufe und Arbeitsinhalte erreicht. Der Vorgesetzte muss die Mitglieder anhören, informieren und sich von ihnen informieren lassen.

- Soweit möglich, sollten die Aufgaben nach Fähigkeiten und Wünschen der einzelnen Mitarbeiter verteilt werden.

- Der informelle „Wortführer" sollte mit einbezogen und in seiner informellen Stellung akzeptiert werden, so lange er nicht gegen die Betriebsinteressen handelt.

- Es ist normal, dass in einer Gruppe Spannungen und Konflikte auftreten - sie dürfen deswegen aber nicht einfach hingenommen werden. Neben den Vorgesetzten, die hier eine wichtige Führungssituation zu bewältigen haben, ist es auch Aufgabe der Kollegen und Mitarbeiter, Konflikte anzusprechen und zu deren Lösung beizutragen.

- Ein gemeinsamer Ansporn sollte geschaffen werden, wie durch das Gefühl, besser als eine andere Gruppe zu sein. Dies darf jedoch nicht zu „verfeindeten" Gruppen führen, die das Gesamtergebnis des Betriebs sowie dessen Image schmälern würden.

4. Führungsgrundsätze und Führungsstile

(Im Rahmenplan: Auseinandersetzen mit eigenem und fremdem Führungsverhalten, Umsetzen von Führungsgrundsätzen)

4.1 Rolle und Führungsaufgabe der „mittleren" Führungskraft

Der Meister steht in der betrieblichen Stellung zwischen Unternehmensleitung einerseits und ausführenden Mitarbeitern andererseits. Dabei hat er die von der Unternehmensleitung vorgegebenen Ziele und die damit verbundenen Aufgaben wahrzunehmen und gleichzeitig - im Rahmen dieser Ziele - die Erwartungen der Mitarbeiter zu berücksichtigen. Im Sinne seiner **Führungsfunktion** fällt der Führungskraft die Aufgabe zu,

- die betrieblichen Ziele (Sachaufgaben) und

- die Erwartungen der Mitarbeiter (Zufriedenheit) miteinander in Einklang zu bringen

Abb. 19 - Rolle mittlerer Führungskräfte (hier: Industriemeister)

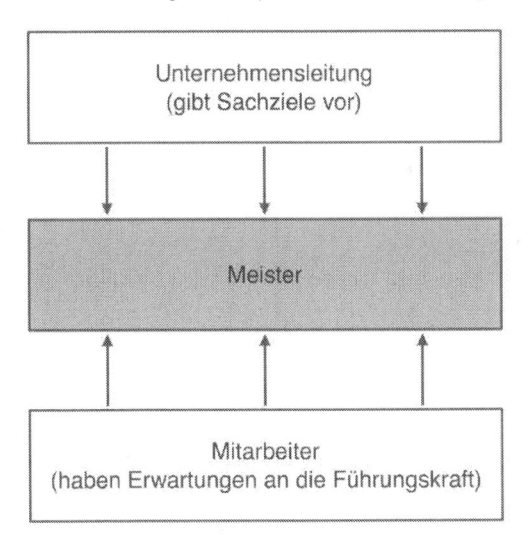

```
┌─────────────────────────────────┐
│      Unternehmensleitung        │
│      (gibt Sachziele vor)       │
└─────────────────────────────────┘
          │    │    │
          ▼    ▼    ▼
┌─────────────────────────────────┐
│            Meister              │
└─────────────────────────────────┘
          ▲    ▲    ▲
          │    │    │
┌─────────────────────────────────┐
│           Mitarbeiter           │
│ (haben Erwartungen an die Führungskraft) │
└─────────────────────────────────┘
```

Führungsgrundsätze und Führungsstile, 4.2

4.2 Das ‚Führungsgitter' (managerial grid)

Der Anspruch der Mitarbeiterführung - neben der Wahrnehmung der Sachaufgaben - fällt entsprechend hoch aus. Je mehr es dem Vorgesetzten gelingt, die mit den Unternehmenszielen verknüpften Sachaufgaben mit den Erwartungen seiner Mitarbeiter in Einklang zu bringen, umso **wirksamer** wird er seine **Führungsaufgaben** erfüllen können. Folgende Abbildung soll dieses verdeutlichen:

Abb. 20 - Managerial Grid

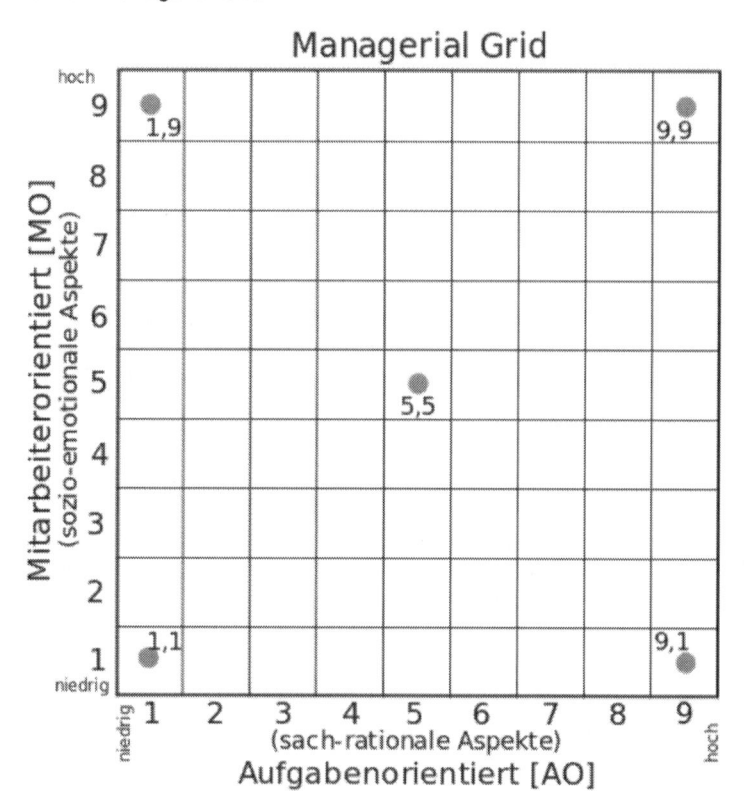

Managerial Grid

(Diagramm: Mitarbeiterorientiert [MO] (sozio-emotionale Aspekte) auf der y-Achse von niedrig 1 bis hoch 9; Aufgabenorientiert [AO] (sach-rationale Aspekte) auf der x-Achse von niedrig 1 bis hoch 9. Markierte Punkte: 1,9 – 9,9 – 5,5 – 1,1 – 9,1)

Die Grundaussage dieses „Managerial Grid" (deutsch: „Führungs-Gitter") kann wie folgt beschrieben und beispielhaft aufgezeigt werden:

Je weiter rechts („X-Achse") das Führungsverhalten eines Vorgesetzten in diesem Raster angesiedelt ist, desto mehr legt er Wert auf die Erfüllung der Sachaufgaben bzw. desto besser hat er seine Abteilung fachlich und im Hinblick auf den Erfolg „im Griff".

Je weiter oben („Y-Achse") das Führungsverhalten eines Vorgesetzten in diesem Raster angesiedelt ist, desto mehr legt er Wert auf die Erfüllung der Erwartungen seiner Mitarbeiter bzw. desto mehr bemüht er sich, seine Leute „menschlich" zu führen.

Beispiel 1

Ein Vorgesetzter, der seine Leute ohne jede Rücksicht auf deren persönliche Belange zu Höchstleistungen antreibt, stünde in der obigen Grafik auf der „9.1-Position".

Beispiel 2

Ein Vorgesetzter, der bei seinen Mitarbeitern zwar als „toller Kumpel" außerordentlich beliebt ist, aber seine Abteilung fachlich nicht im Griff hat und Minderleister gewähren lässt, stünde in der obigen Grafik auf der „1.9-Position".

Beispiel 3

Ein Vorgesetzter, der sich erfolgreich um eine situationsgerechte, faire Einteilung seiner Mitarbeiter bemüht und dabei aber die Sachaufgaben gleichermaßen in den Vordergrund stellt, stünde in der obigen Grafik etwa auf der „5.5-Position" - wenn er es dauerhaft schafft, vielleicht sogar auf der „7.7-Position".

Beispiel 4

Auf der „1.1-Position" stünde ein Vorgesetzter, der von seinen Leuten fachlich und menschlich als eine völlige Niete wahrgenommen wird.

4.3 Der ‚Management-Regelkreis'

Sachaufgaben werden durch die Unternehmensleitung in Form von Zielvorgaben definiert. Um mitarbeiterorientiert führen zu können, ist es für den Vorgesetzten zwingend erforderlich, dass er seine Mitarbeiter gut kennt.
Aber was genau versteht man eigentlich unter den **Führungsaufgaben**? Hier hilft ein Blick auf die im Management-**Regelkreis (niemals endend)** angeordneten Führungsaufgaben:

Zielformulierung
Abgeleitet aus den übergeordneten Zielen und der derzeitigen Situation formulieren und vereinbaren Führungskräfte mit ihren Mitarbeitern künftig angestrebte Ziele.

Planung
Um die Ziele zu erreichen, werden die Aufgaben aufgegliedert (Arbeitsteilung).

Entscheidung/Delegieren
Wer die Aufgaben wie zu erledigen hat, wird in diesem Schritt entschieden. Werden sie vom Vorgesetzten auf seine Mitarbeiter zur selbstständigen Erledigung übertragen, ergibt sich eine Delegation der Aufgaben. Damit erhält der Mitarbeiter die „Handlungsverantwortung" dafür. Die „Führungsverant-wortung" verbleibt bei der Führungskraft, denn sie ist **nicht teilbar!**

Beispiel:
Der Vorgesetzte gibt seinem Mitarbeiter den Auftrag, ein Werkstück anzufertigen und überträgt ihm hierfür die Handlungsverantwortung. Nachdem das Werkstück fertig gestellt ist, versäumt es der Vorgesetzte, es zu kontrollieren (Führungsverantwortung). Als anschließend in einer weiter verarbeitenden Abteilung festgestellt wird, dass das besagte Werkstück nicht den geforderten Qualitätsanforderungen entspricht, versucht sich der Vorgesetzte zu rechtfertigen, indem er auf die Aufgabendelegation an seinen Mitarbeiter verweist.
Dieses Verhalten ist nicht legitim, denn er hätte im Rahmen seiner Führungsaufgaben das Werkstück nach Fertigstellung kontrollieren **müssen!**

Kontrolle nach Durchführung
Sind die Aufgaben durchgeführt, schließt sich die Kontrolle durch die Führungskraft an.

Feedback
Führungsmittel der Personalführung sind Anerkennung und Kritik. Der Vorgesetzte muss Feedback über die geleistete Arbeit geben, sie anerkennen und kritisieren (konstruktiv).

Im Betriebsalltag ist es also erforderlich, dass Vorgesetzte unter Berücksichtigung von Qualifikation und individueller Eigenart der einzelnen Mitarbeiter die geeigneten Führungsmittel ergreift. In diesem Zusammenhang spricht man in der Führungslehre auch vom so genannten **Reifegrad** des Mitarbeiters in Relation zum anstehenden Arbeitsauftrag. Vorgesetzte müssen diesen Reifegrad der Mitarbeiter richtig einschätzen, damit ihnen Aufgaben gestellt werden können, die sie weder über- noch unterfordern.

Beispiel:
Ein Vorgesetzter erhält von seiner Unternehmensführung den Auftrag, bestimmte Daten aus seiner Abteilung statistisch aufzubereiten und zu präsentieren. Zu seinem Team zählen ein junger Mitarbeiter, der gerade sein BWL-Studium beendet hat und ein älterer Mitarbeiter, der jahrzehntelange Berufserfahrung beim Einrichten der verwendeten Produktionsmaschinen vorzuweisen hat. Der Vorgesetzte entschließt sich, die Aufgabe an den jüngeren Mitarbeiter zu delegieren, da das Erstellen von Statistiken Bestandteil des absolvierten Studiums war.

Somit stehen Vorgesetzte im Spannungsfeld zwischen den Anforderungen der Unternehmensleitung einerseits und den Erwartungen der Mitarbeiter andererseits. Betrachten zunächst einmal die **Erwartungen der Mitarbeiter an die Unternehmensleitung**, die durch den **direkten Vorgesetzten** verkörpert wird. Solche Erwartungen sind z.B.:

- *Fachliche Qualifikation und Erfahrung*
- *Fähigkeit zu guter Ein- und Unterweisung*
- *Aufklärung über Sicherheit am Arbeitsplatz*
- *Gerechte Arbeitsverteilung, Entlohnung und Beurteilung*
- *Mitarbeiterbezogene Qualifikation (Menschenkenntnis)*
- *Einfühlungs- und Urteilsvermögen*
- *Fähigkeit zur Motivation der Mitarbeiter*
- *Bereitschaft zu kooperativer Arbeitsweise*
- *Bereitschaft zur Übertragung von Verantwortung*
- *Bereitschaft zum Informationsaustausch*
- *Bereitschaft, Probleme anzusprechen*
- *Bereitschaft, den Mitarbeitern Vertrauen entgegenzubringen*

Gleichzeitig stellt die **Unternehmensleitung eine Reihe von Ansprüchen und Forderungen an die Vorgesetzten.** Dazu gehören z.B.:

- *Wahrnehmung der Ziele und Aufgaben des Unternehmens*
- *Durchsetzungsvermögen*
- *Kostenbewusstes Denken und Handeln*
- *Organisatorische Fähigkeiten und entsprechende Flexibilität*
- *Menschenkenntnis und die Fähigkeit, Mitarbeiter nach deren Fähigkeiten einzusetzen*
- *Korrekte Behandlung der Mitarbeiter*
- *Motivation der Mitarbeiter*
- *Förderung eines günstigen Betriebsklimas*
- *Persönliche Ausstrahlung (v.a. dann, wenn es um Kunden geht)*
- *Entscheidungsfreude im Rahmen des Entscheidungsspielraumes*
- *Verantwortungsbewusstsein*

Der Vorgesetzte soll die Mitarbeiter gleichzeitig zur Leistung, Pünktlichkeit, Ordnung, Sauberkeit, zu unfallsicherem Verhalten, Einsatzbereitschaft und kollegialem Verhalten anhalten.

Aus den Erwartungshaltungen der Mitarbeiter und der Unternehmensleitung erwachsen der Führungskraft mitunter eine Reihe von Konflikten.

Beispiel: Die Mitarbeiter möchten ins Wochenende gehen, plötzlich müssen jedoch Überstunden geleistet werden, da ein für die Firma wichtiger Eilauftrag hereingekommen ist.

Grund für die Schwierigkeiten des Vorgesetzten, in solchen Situationen richtig zu handeln, ist, dass er in einem abhängigen Arbeitsverhältnis steht, gleichzeitig aber der „Führende" ist.

Der Vorgesetzte trägt eine hohe **Verantwortung** für die Mitarbeiterführung. Schlechte Mitarbeiterführung hat negative Auswirkungen, denn Mitarbeiterverhalten ist fast immer eine Reaktion auf Führungsverhalten. Ein schlecht führender Vorgesetzter muss bei seinen Mitarbeitern also mit negativen Folgen rechnen, wie z.B. einem schlechten **Betriebsklima**.

4.4 Betriebsklima

Unter dem **Betriebsklima** versteht man die Summe des **subjektiven Erlebens eines Betriebes durch seine Mitarbeiter** im zwischenmenschlichen Umgang. Anders ausgedrückt geht es beim Betriebsklima um die Art und Weise, wie die Beschäftigten eines Unternehmens miteinander kommunizieren und umgehen.

Ein gutes Betriebsklima ist gekennzeichnet durch:

- *Vertrauen und Hilfsbereitschaft zwischen den Mitarbeitern*
- *Vertrauen zwischen Mitarbeitern und Vorgesetzten*
- *Berücksichtigung der gegenseitigen menschlichen Erwartungen (z.B an kollegialen Umgang, Führungsstil, Höflichkeit, etc.)*
- *Berücksichtigung dessen, was eine Mehrheit unter der Belegschaft als berechtigte und erfüllbare materielle Erwartungen ansieht (hinsichtlich Vergütung, Arbeitsgestaltung, Aufstiegschancen, Urlaubsregelungen, etc.)*

Anzeichen für ein schlechtes Betriebsklima können sein:

- *Die allgemeine Einstellung der Mitarbeiter zum Betrieb (Commitment) ist negativ*
- *Der Umgangston wird ruppiger*
- *Die Arbeits- und Leistungsbereitschaft oder die Qualität sinkt*
- *Das Verhältnis zwischen Vorgesetzten und Mitarbeitern ist gespannt*
- *Überdurchschnittlich hohe Krankheitsquote oder Fluktuation*

4.5 Führung im Verantwortungsbereich des Vorgesetzten

Da sich das Betriebsklima auf die individuelle **Arbeitszufriedenheit** und das **Leistungsverhalten** (*siehe Kapitel 2*) der Mitarbeiter auswirkt, hat es maßgeblich Einfluss auf den Unternehmenserfolg. Als Maßnahmen zur Verbesserung des Betriebsklimas gelten:

- Raum für eigenverantwortliches Handeln
- flache Hierarchien
- Kooperativer Führungsstil

Den **Raum für eigenverantwortliches Handeln** schafft der Vorgesetze für seine Mitarbeiter durch Maßnahmen wie Job Enlargement und Job Enrichment (siehe hierzu Kapitel 5.2) im Rahmen der Delegation von Aufgaben. Durch diese Maßnahmen fühlt sich der Mitarbeiter wertgeschätzt, weil ihm durch seinen Vorgesetzten Vertrauen entgegengebracht wird.

Eine **flache Hierarchie** beschreibt eine hierarchische Organisationsstruktur, in der im Gegensatz zur *steilen Hierarchie* weniger Hierarchieebenen existieren.

Durch den Abbau von Hierarchiestufen setzt diese Organisationsstruktur verstärkt auf Eigeninitiative und- verantwortung. Hierdurch wird die tägliche Zusammenarbeit zwischen den Vorgesetzten und Ihren Mitarbeitern persönlicher und menschlicher.

4.6 Formen der Autorität

Hierbei ist auch maßgeblich entscheidend, wie viel **Autorität** der Vorgesetzte bei seinen Mitarbeitern genießt. Nur Vorgesetzte, die eine entsprechende Autorität besitzen, sind in der Lage kooperativ zu führen. Sie brauchen nicht befürchten, dass ein hoher Grad an Mitwirkung der Mitarbeiter ihre Autorität untergräbt. Führungskräfte, die wenig Autorität besitzen, neigen häufig zu einem autoritären Führungsstil.

Wenn man über Autorität spricht, unterscheidet man folgende Arten:

- *Amtsautorität (= vom Betrieb übertragene Autorität)*
- *Fachliche Autorität*
- *Persönliche Autorität*

Die **Amtsautorität** wird vom Betrieb auf Zeit ‚verliehen', d.h. sie kann auch wieder entzogen werden. Sie ist mit Weisungsbefugnissen verbunden und schafft vorübergehend Macht und Ansehen (z.B. Abteilungsleiter).

Die **Fachliche Autorität** entsteht durch Fachkompetenz, d.h. Vorgesetzte zeigen den Mitarbeitern durch ihr fachlich richtiges Handeln und Entscheiden, dass sie wissen, was sie tun. Ein bloßer ‚Titel' (Meister, Fachwirt, Betriebswirt) beweist diese Autorität noch nicht – man muss im Alltag zeigen, was man kann.

Die **Persönliche Autorität** einer Führungskraft entsteht durch das Vertrauen, das die Mitarbeiter in sie/ihn setzen. Dieses Vertrauen muss erst wachsen, indem ein Vorgesetzter eine Haltung von Fairness, echter Mitarbeiterorientiertheit und Geschick im Umgang mit Konflikten beweist. Diese Form von Autorität ist schwer zu erwerben und auch nur dann, wenn die Mitarbeiter mehrheitlich bereit sind, sich auf einen solchen Vorgesetzten einzulassen.

4.7 Führungsstile

Der Grad der Eigenverantwortlichkeit der Mitarbeiter ist nicht nur von der hierarchischen Organisationsstruktur, sondern auch von dem **Führungsstil** der Führungskraft abhängig.
Um Führungsstile darzustellen, existieren unzählige Modelle. Das wohl bekannteste ist das der klassischen Führungsstile nach Kurt Lewin. Aus dem Führungsverhaltensgitter (Managerial Grid) nach Blake und Mouton konnten wir die Auswirkungen **aufgabenorientierter** und **mitarbeiterorientierter** Führung ablesen.
Hierbei stellt sich die Frage, inwieweit die Mitarbeiter bei Entscheidungs-prozessen der Führungskraft mitwirken können.
Je mehr Mitwirkung die Führungskraft zulässt, umso mehr identifizieren sich die Mitarbeiter mit den getroffenen Entscheidungen. Lewin unterscheidet drei Führungsstile:

Tab. 7 - Die klassischen Führungsstile

	Autoritär	**Kooperativ**	**Laissez-faire**
Charakter	- Hierarchisch - Kein Entscheidungsspielraum - Nötigender Charakter - Monolog	- Einbeziehung der Mitarbeiter - Mitspracherecht der Mitarbeiter - Dialog	- Lässt MA viel Freiheit - Selbstkontrolle der Mitarbeiter - Informationen fließen zufällig - Vorgesetzter greift nicht ein
Menschenbild des Führers (wie sieht der Vorgesetzte seine Mitarbeiter)	- MA wird gering geschätzt - MA braucht Führung - Motivation irrelevant	- Meinung aller MA wird geschätzt - MA kann sich mit seinem Wissen einbringen - Motivation soll erhöht werden	- MA benötigt seine Freiheit, um seine „kreativen" Fähigkeiten entfalten zu können
Ziel (Vor- und Nachteile)	**Vorteile:** - Schnelle sofortige Umsetzung von Vorgaben - Einfach strukturierte MA sind führbar **Nachteile:** - Wissen der MA wird nicht genutzt - MA sind nicht motiviert	**Vorteile:** - Einbringen von MA- Wissen - Motivierte MA **Nachteile:** - Erreichen des Ziels dauert länger - Missverständnisse durch Handlungsspielraum möglich	**Vorteile:** - Gewährung von Freiheit - Individualität der MA bleibt gewährt **Nachteile:** - Gefahr mangelnder Disziplin - Gefahr von Kompetenzstreitigkeiten - Gefahr von Unordnung und Durcheinander

MA=Mitarbeiter

Ein **kooperativer** Führungsstil wirkt sich positiv auf das Betriebsklima aus, da hierbei die Meinung des Mitarbeiters geschätzt wird.

Ob der **Laissez-faire** (frz., etwa: „Lasst sie machen") überhaupt zu den Führungsstilen zu zählen ist, ist in der Literatur umstritten. In kreativen Berufen sowie in Forschung und Entwicklung gibt es aber durchaus Möglichkeiten, so zu führen, so lange die Mitarbeiter dabei nicht völlig sich selbst überlassen bleiben.

Der **autoritäre** Führungsstil ist in bestimmten Situationen zwingend erforderlich. Hierzu zählen z. B. Notsituationen in denen entsprechend gehandelt werden muss. Denken Sie hierbei z.B. an Löscheinsätze der Feuerwehr oder Kampfeinsätze der Bundeswehr. Aber auch Unterweisungen in Arbeits-sicherheitsthemen im Betrieb zählen hierzu, da sie keinen Platz für Handlungsspielräume lassen.

Obwohl im Interesse eines guten Betriebsklimas der kooperative Führungsstil zu bevorzugen ist, muss der Meister seinen Führungsstil an die jeweilige Situation anpassen.
Man spricht hier vom so genannten **situativen Führungsstil**.
Die Entscheidungen werden durch die **Situation** (z.B. Notsituation oder Alltagssituation), den oder die **geführten Mitarbeiter** (z.B. Reifegrad, Leistungsfähigkeit, Leistungsbereitschaft) und die **Person des Vorgesetzten** (wie sieht der Vorgesetzte seine Mitarbeiter) selber beeinflusst.
amit ihm dieses gelingt, muss die Führungskraft ständig an ihrer **Handlungskompetenz** arbeiten.

4.8 Handlungskompetenz

Handlungskompetenz ist der Oberbegriff für vier Schlüsselkompetenzen, die heute von Führungskräften erwartet werden. Es handelt sich dabei um:

- Sozialkompetenz
- Sachkompetenz (Fachkompetenz)
- Selbstkompetenz
- Methodenkompetenz

Sozialkompetenz

Die Fähigkeit, mit anderen Menschen situationsadäquat zu interagieren.

Beispiele:

- *Führungsqualitäten*
- *Konfliktmanagement*
- *Teamfähigkeit*

Sachkompetenz

Die Fähigkeit, berufstypischen Herausforderungen mit fundiertem theoretischem Wissen zu begegnen. Dieses setzt in der Regel eine entsprechende berufsbezogene Ausbildung voraus.

Beispiele:

- *spezielles Fachwissen*
- *breites Grundlagenwissen*

Selbstkompetenz

Die Persönlichkeitseigenschaften, inklusive der klassischen Arbeitstugenden, die es ermöglichen, das eigene (berufliche) Leben aktiv zu gestalten.

Beispiele:

- *Leistungsbereitschaft*
- *Selbstmanagement/ -organisation und -motivation*

Methodenkompetenz:

Die Fähigkeit, adäquate Problemlösungsstrategien zu entwickeln, auszuwählen und anzuwenden.

Beispiele:

- *Organisationsfähigkeit*
- *Problemlösungsfähigkeit*

5. Führungsmethoden und –techniken

(Im Rahmenplan: Anwenden von Führungsmethoden und -techniken einschließlich Vereinbarungen entsprechender Handlungsspielräume, um Leistungsbereitschaft und Zusammenarbeit der Mitarbeiter zu fördern)

In den letzten Jahren hat sich die Erkenntnis durchgesetzt, dass ein Unternehmen nur dann erfolgreich sein kann, wenn seine Mitarbeiter kritisch und kreativ motiviert sind. Sie müssen sich mit ihrem Betrieb identifizieren können, über den notwendigen inneren Antrieb verfügen, sich Gedanken über den Sinn (oder Unsinn) von Organisation und Anweisungen machen und diese kritischen und kreativen Gedanken auch einbringen dürfen. Mit gehorsamen „Ja-Sagern" wird kaum ein Unternehmen langfristigen Erfolg haben, geschweige denn offensiv auf dem Markt auftreten können.

Deshalb muss es ein vorrangiges Ziel der Vorgesetzten sein, kreative und motivierte Mitarbeiter zu gewinnen, zu erhalten und zu fördern. Dieser Leitgedanke sollte stets die Führungsarbeit bestimmen.
Um dieses Ziel umzusetzen, steht der Führungskraft eine Fülle von Führungsmethoden, Führungstechniken und sonstigen Möglichkeiten zur Verfügung. Einige Teil der Grundlagen hierfür wurde bereits in den voran-gehenden Kapiteln dieses Buches dargelegt.

- *Kenntnisse über menschliche Bedürfnisse (Maslow-Pyramide)*
- *Kenntnisse über Arbeitszufriedenheit (z.B. Herzberg-Modell)*
- *Signalisierung von Wertschätzung durch kooperatives Führungsverhalten*
- *Bildung von Qualitätszirkeln*
- *Unterstützung von Teamarbeit*
- *Bildung teilautonomer Arbeitsgruppen*
- *Förderung des betrieblichen Vorschlagswesens*
- *Anregung eines Prozesses der kontinuierlichen Verbesserung*
- *Anregung einer Wertanalyse*

In diesem Kapitel sollen nun konkrete Möglichkeiten beschrieben werden, mit denen Vorgesetzte in der täglichen Führungsarbeit die Motivation und Qualifikation ihrer Mitarbeiter fördern können.

5.1 Personelle Maßnahmen

Eine Führungskraft in der mittleren Führungsebene – z.B. ein Meister – ist beim Personaleinsatz und bei der Personalplanung nicht völlig unabhängig. Vielmehr muss mit verschiedenen Stellen innerhalb (grau) und außerhalb (weiß) des Unternehmens kooperiert werden:

Abb. 21 - Personelle Maßnahmen des Vorgesetzten

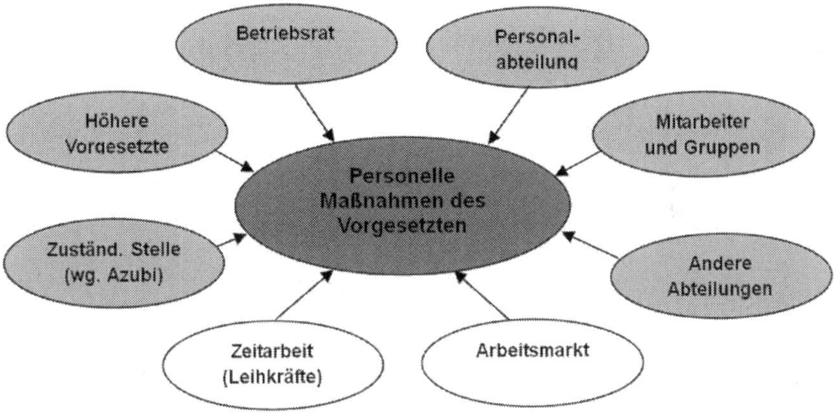

Die Kompetenzabgrenzungen zwischen Fach- und Personalbereich sind von Betrieb zu Betrieb sehr unterschiedlich. Sie richten sich nach der jeweiligen Organisationsstruktur und Betriebsgröße. Die Grenzen sind häufig fließend.

Der Führungskraft in der mittleren Ebene fällt jedoch eine Schlüsselaufgabe zu. Nur sie kann den übergeordneten Instanzen die Informationen liefern, die dort für Entscheidungen benötigt werden:

Beispiele:
- Personalbeschaffung (Anforderungsprofile)
- Personaleinsatz (Schicht- oder Urlaubsplanung)
- Personalabbau (Anpassung an die Auslastung)
- Personalentwicklung (Förderung und Qualifizierung)

5.1.1 Arbeitsplanung

Die Arbeitsplanung verfolgt das Ziel, immer genügend und ausreichend qualifizierte Mitarbeiter zur Verfügung zu haben, um die Sachaufgaben des Arbeitsbereiches erfüllen zu können. Hier liegt eine Hauptverantwortung der Vorgesetzten:

- *Ihm steht eine Anzahl von Mitarbeitern mit bestimmten Qualifikationen zur Verfügung, mit denen er die vorgegebenen Ziele zu erreichen hat.*

- *Er muss den Einsatz seiner Mitarbeiter systematisch planen und deren Einsatzmöglichkeiten durch geeignete Maßnahmen ausweiten (z.B. durch Job-Rotation oder Weiterbildung).*

- *Er muss seine Mitarbeiter entsprechend ihren Eignungen einsetzen; Über- oder Unterforderungen sind zu vermeiden.*

- *Er muss die Motivation der Mitarbeiter erhalten oder besser noch fördern, indem er sie entweder in die Planungen einbezieht oder zumindest seine Planungen transparent und nachvollziehbar gestaltet.*

- *Er sollte auf eine personelle „Reserve" achten, mit der in Notfällen (Auftragsspitzen, Krankheit) der Betrieb aufrechterhalten werden kann.*

Um diesen Aufgaben gerecht werden zu können, muss der Vorgesetzte folgende **Informationen** besitzen:

- *Die täglich und wöchentlich anfallenden Arbeiten und Aufträge (Ermittlung der Arbeitsmenge)*

- *Die Anforderung der einzelnen Arbeitsplätze (Stellenprofile - der richtige Arbeiter am richtigen Platz)*

- *Eignung und Neigung der Mitarbeiter (durch Eignungsprofile, Beobachtung und Beurteilung)*

Sollte der Vorgesetzte alle Arbeitsplätze optimal besetzt haben, so können doch täglich Veränderungen auf ihn zukommen, auf die er sofort reagieren muss, um das Soll der Abteilung zu erfüllen:

- *Kurzfristige Erhöhung der Produktions- oder Arbeitsmenge*

- *Defekte an Maschinen und Geräten*

- *Krankheitsbedingter Ausfall von Mitarbeitern*

- *Kündigungen*

- *Feststellung unzureichender Qualifikation bei einzelnen Mitarbeitern*

In solchen Fällen hat der Vorgesetzte das Recht, Maßnahmen zu ergreifen (**Weisungsrecht**), z.B.:

- *Flexible Handhabung der Arbeitszeiten (etwa durch Überstunden, Schichtänderungen, Einsatz von Leiharbeitern)*
- *Umsatz oder Versetzung (z.B. Qualifizierung einzelner Mitarbeiter zu Springern)*

Allerdings muss zuvor rechtlich abgeklärt werden, wie weit seine Weisungskompetenzen reichen. Dabei ist zu überprüfen, ob sich nicht Einschränkungen aus folgenden Gründen ergeben können:

- *Betriebsinterne Regelungen;*
- *Individualrechtliche Bestimmungen der jeweiligen Arbeitsverträge;*
- *Kollektivrechtliche Bestimmungen (z.B. Mitbestimmung des* **Betriebsrates**).

5.1.2 Arbeitsanweisungen / Weisungsformen

Der Vorgesetzte verteilt die Aufgaben und Arbeiten an seine Mitarbeiter und gibt dabei Arbeitsanweisungen. In der Arbeitsanweisung ist vorgeschrieben, wer welche Aufgabe oder Arbeit zu erledigen hat. Eine Hilfestellung für die präzise Formulierung von Arbeitsanweisungen gibt die „**W-Liste**":

• **Was**	soll getan werden
• **Wer**	soll es tun
• **Wann**	soll etwas begonnen werden und erledigt sein
• **Wie**	soll etwas erledigt werden
• **Womit**	soll etwas getan werden
• **Wo**	soll etwas getan werden
• **Warum**	soll etwas so und nicht anders getan werden

Um einen Mitarbeiter positiv auf seine Aufgabe einzustellen, empfiehlt es sich, besonders dem „**Warum?**" besondere Aufmerksamkeit zu schenken. Ein Mitarbeiter, der begreift, warum er eine Aufgabe so und nicht anders ausführen soll, ist in der Regel leistungsbereiter, weil ihm die möglichen Folgen einer Abweichung von der Anweisung erklärt wurden (*Lernen durch Einsicht – siehe Kapitel 1 dieses Buches*).

In der Arbeitswissenschaft werden meist **vier** verschiedene **Weisungsformen** unterschieden, die ein Vorgesetzter einsetzen kann:

Das Kommando
ist eine Weisung an mehrere Personen zur sofortigen, gleichzeitigen Ausführung einer bestimmten körperlichen Tätigkeit.

Beispiel: Beim Heben einer schweren Last („Hau-Ruck")

Verantwortung: Beim Kommandogeber

Ermessensspielraum der Ausführenden: keine

Der Befehl
ist eine Weisung an eine oder mehrere Personen zu einer sofortigen Handlung. Der Befehl sollte sehr sparsam eingesetzt werden, da er die Amtsautorität des Befehlsgebers unterstreicht.

Beispiel: „Herr Müller, kommen Sie bitte Punkt 14 Uhr in mein Büro, ich habe mit Ihnen zu reden".

Verantwortung: Beim Befehlsgeber

Ermessensspielraum des Ausführenden: gering

Die (Arbeits-) Anweisung
ist eine (oft schriftliche) Weisung an eine oder mehrere Personen und schreibt eine künftige Verfahrens- oder Verhaltensweise vor.

Beispiele: „In Zukunft darf das Gerät Nr.11 nicht mehr verwendet werden."

Verantwortung: Beim Anweisungsgeber bzw. –verfasser

Ermessensspielraum des Ausführenden: gering

Der Auftrag
ist eine Weisung, mit der eine oder mehrerer Personen zur Durchführung einer künftigen, selbstständigen Handlung betraut wird. Er wird im Rahmen des Delegierens eingesetzt.

Beispiel: „Bitte kümmern Sie sich nächste Woche um unseren neuen Mitarbeiter."

Verantwortung: Beim Anweisenden, aber Mitverantwortung des Ausführenden

Ermessensspielraum des Ausführenden: groß

5.2 Delegierung von Aufgaben

Eine Delegierung findet statt, wenn man Aufgaben, Kompetenzen und Verantwortung auf eine andere Person überträgt. In der Praxis ist das Delegieren eine der wichtigsten Aufgaben des Vorgesetzten, da er nicht überall gleichzeitig sein kann und daher Leuten seines Vertrauens zumindest Teilaufgaben übertragen muss.

Vorgesetzte, die einen eher autoritären Führungsstil pflegen, tun sich in der Regel sehr schwer mit der Delegierung von Aufgaben. Sie trauen ihren Mitarbeitern oft wenig zu und fürchten, dass sie die Kontrolle verlieren könnten. Solche „Kontroll-Freaks" sind unter Vorgesetzten nicht selten. Die Folge ist, dass sie alles und jeden überwachen und sich dabei „verzetteln". Solche Vorgesetzte stellen einen erheblichen Teil der „Burnout"-Patienten dar, weil sie nie gelernt haben, ihren Mitarbeitern Vertrauen zu schenken und sich damit selbst zu entlasten.

Vorgesetzte, die einen eher partnerschaftlichen (kooperativen) Führungsstil bevorzugen, bringen ihren Mitarbeitern mehr Vertrauen entgegen und sorgen mit gezielter Delegierung von Aufgaben für eigene Entlastung. Darüber hinaus profitieren sie von einer höheren Motivation der Mitarbeiter, denen eine Aufgabe zur selbstständigen Erledigung übertragen wurde.

Voraussetzungen des Delegierens sind:

Beim Vorgesetzten:	Beim Mitarbeiter:
- Kommunikationsfähigkeit	- Zuverlässigkeit
- Informationsbereitschaft	- Eigeninitiative und Selbstständigkeit
- Organisationstalent	- fachliche Qualifikation
- Selbstbeherrschung	- Informationsaustausch mit Vorgesetzten
- Mitarbeiterkenntnis (Menschenkenntnis)	- Unternehmensorientierte Einstellung

Die folgende Textpassage soll die wesentlichen Grundsätze des Delegierens erläutern:

Delegieren heißt:

- Übertragung von Aufgaben (dauerhaft oder befristet)
- an dafür geeignete Mitarbeiter (Qualifikation, Einsatzbereitschaft)
- zur selbstständigen Erledigung durch den Mitarbeiter
- mit allen nötigen Kompetenzen (z.B. Weisungsbefugnis)
- mit ausreichender Information über die Aufgabe
- unter Berücksichtigung der rechtlichen Belange (z.B. UVV)

Ziele des Delegierens:

- Entlastung des Vorgesetzten, besonders von Routineaufgaben
- Vertrauensbildung zwischen Vorgesetztem und Mitarbeiter
- Erkennen "versteckter" Fähigkeiten des Mitarbeiters, z.B. Organisationstalent und Kreativität
- Schaffung von Lernbereitschaft und Flexiblität beim Mitarbeiter
- Erkennen von Führungsnachwuchs

Typische Delegationsfehler:

- falsche Auswahl des Mitarbeiters
- unzureichende Information durch den Vorgesetzten
- mangelnde Entlastung des Mitarbeiters (er hat zuviel mit seinen normalen Aufgaben zu tun)
- schlechte Kompetenzabgrenzung (er greift in die Aufgaben anderer ein)
- willkürliches Eingreifen des Vorgesetzten

Wenn die delegierte Aufgabe schief läuft:

- erst einmal feststellen, ob nicht ein Delegationsfehler des Vorgesetzten die Ursache ist ("an die eigene Nase fassen")
- Wurde bewusst oder unbewusst "Rückdelegation" betrieben?
- Ursache und Folgen im 4-Augen-Gespräch klären – jeder verdient eine zweite Chance!

Allerdings kann nicht alles delegiert werden. Einige Aufgaben müssen stets im Verantwortungsbereich des Vorgesetzten bleiben:

- Leistungsbeurteilungen
- Kontrolle der Mitarbeiter
- Mitarbeitergespräche
- Kompetenzen gegenüber anderen Abteilungen oder gegenüber Kunden
- Letzte Entscheidungen (z.B. über Schicht- und Urlaubsplanung)

Eingreifen muss der Vorgesetzte immer dann, wenn eine Entscheidung des Mitarbeiters, dem eine Aufgabe delegiert wurde, für den Betrieb wirtschaftlich oder gruppendynamisch von Nachteil wäre. Ebenso muss der Vorgesetzte handeln, wenn die gegebenen Freiheiten ausgenutzt werden oder wenn sicherheitsrelevante Aspekte bedroht sind.

5.3 Arbeitskontrolle

Kontrolle ist der Vergleich eines Ist-Zustandes mit einem Soll-Zustand. Sie ist erforderlich, um das Erreichen eines Zieles zu gewährleisten oder um ein Abweichen vom Ziel festzustellen.

Neben der **Automatischen Kontrolle** (z.B. Prüfung durch Röntgen, Ultraschall etc.), die etwa bei Materialprüfungen eingesetzt wird, gibt es eine Reihe von Methoden der **Personenkontrolle** (z.B. Prüfung durch den Vorgesetzten, durch Beauftragte der Qualitätssicherung oder durch den Mitarbeiter selbst):

Tab. 8 – Kontrollverfahren und - methoden

Kontrollverfahren	Vorteile	Nachteile
Selbstkontrolle	Hohe Motivationswirkung bei qualifizierten, selbstständigen Mitarbeitern	Das Vertuschen von Fehlern ist möglich Wenn der Vorgesetzte nicht vom Ergebnis der Kontrolle unterrichtet wird, kann eine Korrektur nicht oder zu spät erfolgen
Fremdkontrolle	Hoher Sicherheitsgrad	Kann schädlich für Motivation und Vertrauen sein
Vollkontrolle	Völlige Sicherheit Abweichungen sofort korrigierbar	Wirkt demotivierend Hoher Aufwand (Zeit, Kosten)
Stichprobenkontrolle	Abweichungen zeitnah korrigierbar	Kann Misstrauen erzeugen Evtl. Vorwurf der Bevorzugung oder Benachteiligung Einzelner
Ergebniskontrolle	Sach- und zielorientiert Durch Freiheiten bei der Arbeitsweise höhere Kreativität und Motivation	Bei Abweichungen ist es zu spät, um noch zu korrigieren Kein Hinweis, wie das Ergebnis zustande kam
Zwischen- und Tätigkeitskontrolle	Laufend Einwirkungsmöglichkeiten Geringe Beeinträchtigung der Motivation	Hoher Zeitaufwand Zu häufige Kontrolle kann störend wirken

Diese verschiedenen Kontrollmethoden stehen aber nicht in Konkurrenz zueinander, sondern können – je nach Situation – miteinander kombiniert werden.

Beispiel 1:
In einer Abteilung sind hoch qualifizierte Mitarbeiter tätig, die ihre Ergebnisse im Wesentlichen nach dem Prinzip der Selbstkontrolle überprüfen. Dennoch werden zusätzlich auch Stichprobenkontrollen durchgeführt.

Beispiel 2:
In einer Lehrwerkstatt soll ein Auszubildender sein Werkstück zunächst selbst kontrollieren, während ihm der Ausbilder dabei über die Schulter sieht, also Vollkontrolle einsetzt.

Im Betrieb sind Kontrollen vor allem wichtig...

- *für die Qualitätssicherung*
- *für die Gewährleistung der Arbeitssicherheit*
- *für die Einhaltung von Terminen*
- *für die Einhaltung der richtigen Arbeitsmethoden*
- *für (rechtzeitige) Korrekturen*
- *für die Überprüfung des Verhaltens (Pünktlichkeit, etc.)*
- *für die Einhaltung von Zielvereinbarungen*
- *als Grundlage für Mitarbeitergespräche und -beurteilungen*

Das Ausmaß der Kontrolle muss der betrieblichen Situation angepasst werden und darf nicht dazu führen, dass Mitarbeiter sich ständig überwacht fühlen. Ebenso ist darauf zu achten, die Kontrolle in einer Form durchzuführen, die vom Mitarbeiter als Hilfestellung empfunden wird und nicht als Suche nach Fehlern.
Eine Hilfestellung für die Führungskraft ist die **OSKAR**-Merkregel:

Kontrolle soll...

- **O** ffen (nicht „versteckt", sondern am besten gemeinsam mit dem Mitarbeiter)
- **S** achlich (in ruhiger, auf die Sache bezogener Form)
- **K** lar (nach klaren, verständlichen Kriterien)
- **A** bgesprochen (alle wissen, dass kontrolliert wird und alle kennen die Kriterien)
- **R** espektvoll (ohne den Mitarbeiter bloßzustellen oder anzugreifen)

erfolgen.

5.4 Qualifizierung der Mitarbeiter

Eine Führungskraft muss sich über den Stand der Qualifikation der Mitarbeiter stetig informieren und erkennen, bei wem welcher Qualifizierungsbedarf besteht. Durch technische und organisatorische Neuerungen entstehen ständig weitere Sachzwänge, an welche die Qualifikation der Mitarbeiter angepasst werden muss. Darüber hinaus sollte der Vorgesetzte Mitarbeiter mit großem Potenzial fördern und durch gezielte Weiterbildung an höhere Aufgaben heranführen.

Abb. 22 – Arten der Weiterbildung

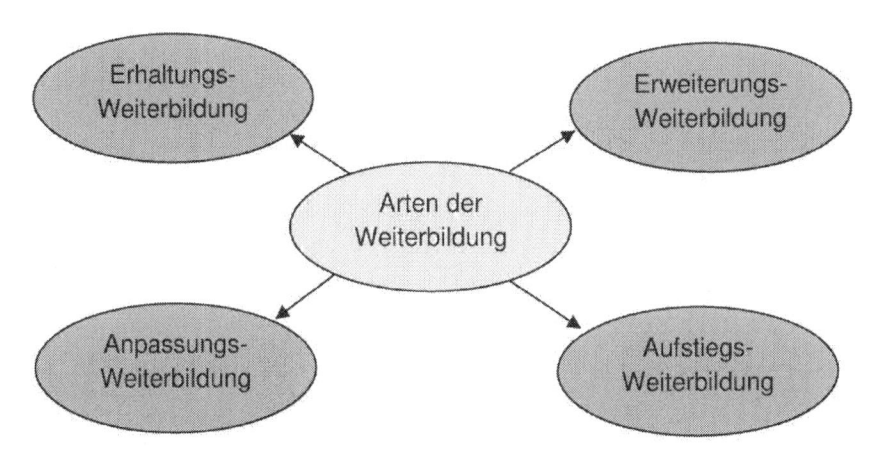

```
        Erhaltungs-                        Erweiterungs-
        Weiterbildung                      Weiterbildung
                    ↖            ↗
                      Arten der
                      Weiterbildung
                    ↙            ↘
        Anpassungs-                        Aufstiegs-
        Weiterbildung                      Weiterbildung
```

Erläuterung zur Grafik:

- Die Erhaltungsweiterbildung soll mögliche Verluste von Kenntnissen und Fertigkeiten ausgleichen (z. B. „Erste Hilfe-Lehrgänge", Auffrischen von Sprachkenntnissen einer Sekretärin).

- Die Erweiterungsweiterbildung vermittelt zusätzliche Berufsfähigkeiten (z. B. durch Erwerb von Herstellerzertifikaten bei einem gelernten Fachinformatiker).

- Die Anpassungsweiterbildung sorgt für eine Angleichung an veränderte Anforderungen am Arbeitsplatz (z.B. SAP-Kenntnisse eines Logistikmitarbeiters für ein neues Dialogsystem am Arbeitsplatz oder ein CNC-Lehrgang für einen gelernten Dreher).

- Die Aufstiegsweiterbildung soll auf die Übernahme höherwertiger Aufgaben oder Führungsaufgaben vorbereiten (z. B. durch die Teilnahme an einem Meisterlehrgang der IHK) und ist an das Bestehen von Prüfungen gebunden.

Führungsmethoden und -techniken, 5.4

Planung und Durchführung von Weiterbildungsmaßnahmen

Die betriebliche Weiterbildung ist ein Instrument der Personalentwicklung. Mit ihr versucht man, das Leistungspotenzial der beschäftigten Mitarbeiter anzuregen, um eine Ausrichtung der Fähigkeiten auf zukünftig betrieblich notwendige Veränderungen zu gewährleisten. Dabei müssen jedoch die Interessen der einzelnen Mitarbeiter berücksichtigt werden.

Der Vorgesetzte sollte sich bei der Durchführung von Weiterbildungsmaßnahmen an dem folgenden Ablaufschema orientieren:

- Phase 1: Soll-/Ist-Vergleich
- Phase 2: Zielsetzung
- Phase 3: Planung
- Phase 4: Präsentation der Ergebnisse
- Phase 5: Realisierung
- Phase 6: Evaluierung

Phase 1: Soll-Ist-Vergleich

Jede Ermittlung des Bildungsbedarfs setzt die Feststellung eines Ist-Wertes (Eignungsprofil) und eines Soll-Wertes (Anforderungsprofil) voraus. Bildungsdefizite resultieren aus Abweichungen zwischen den beiden Werten.

Phase 2: Zielsetzung

Bei Abweichungen zwischen „Soll" und „Ist" besteht Bildungsbedarf, der in einer klaren Zielsetzung formuliert werden muss: Wie viele Mitarbeiter müssen bis wann in welcher Hinsicht qualifiziert werden?

Phase 3: Planung der Qualifizierungsmaßnahmen

Die Ergebnisse aus der Bedarfsermittlung müssen nun in konkrete konkrete Maßnahmen umgesetzt werden. Hier liegt die Hauptarbeit für den Vorgesetzten, denn er muss vergleichen, analysieren und schließlich entscheiden, wer nun wann welche Qualifizierungsmaßnahme erhalten soll. Er muss ermitteln, welche Schulungsträger in Frage kommen, wie lange die Maßnahmen dauern und was sie kosten würden. Besonders wichtig ist die Abwägung, ob eine bestimmte

Qualifizierungsmaßnahme inner- oder außerbetrieblich durchgeführt werden soll (siehe Tabelle unten).

Sinnvoll ist es außerdem, bereits in dieser Planungsphase zu überlegen, auf welche Art und Weise später der Erfolg von Maßnahmen kontrolliert und bewertet (Evaluierung) sowie in die tägliche Arbeit integriert werden kann (Transfer).

Phase 4: Präsentation der Ergebnisse

Die höheren Vorgesetzten und die Personalabteilung müssen hinter den geplanten Maßnahmen stehen, diese billigen und die nötigen Finanzmittel bewilligen. Daher sollte der Vorgesetzte überlegen, wie er seine geplanten Maßnahmen präsentieren und die Entscheidungsträger von seinem Qualifizierungskonzept überzeugen kann.

Phase 5: Realisierung der Qualifizierungsmaßnahme

Der Vorgesetzten muss die Umsetzung der begleiten und kontrollieren. Bei außerbetrieblichen Maßnahmen sollte mit den dort geschulten Mitarbeitern ein regelmäßiger Kontakt gehalten werden.

Phase 6: Evaluierung (Kontrolle, Bewertung und Transfer der Weiterbildung)

Nach der Qualifizierung muss kontrolliert werden, ob die Maßnahme erfolgreich war („Effektivität"). Weiter ist zu prüfen, ob die Maßnahme den betriebenen Aufwand an Kosten und Zeit rechtfertigte („Effizienz"). Zudem muss der Transfer des Erlernten im Betrieb gewährleistet sein: Es macht wenig Sinn, wenn ein Mitarbeiter an einem Gerät geschult wurde, das er dann gar nicht zur Verfügung hat.

Übersicht über die Vorteile innerbetrieblicher (interner) und außerbetrieblicher (externer) Qualifizierungsmaßnahmen:

Vorteile intern	Vorteile extern
Zeit- und Kostenersparnis	Ideenvielfalt und höhere Kreativität
Auf den Betrieb zugeschnittene Inhalte	Meist kompaktere Wissensvermittlung
Räumliche Nähe zur Arbeit, vertraute Umgebung	Räumliche und innere Abstand zur Arbeit
Direkte Umsetzung des erworbenen Wissens	Info-Austausch mit betriebsfremden Kollegen
Betriebsgeheimnisse bleiben im Unternehmen	Erweiterung des fachlichen Horizonts

Führungsmethoden und -techniken, 5.5

Bei sämtlichen betrieblichen Bildungs- und Qualifizierungsmaßnahmen ist auf die Beteiligungsrechte des Betriebsrates zu achten. Die Rechtsgrundlagen finden sich in den Paragraphen 96-98 des Betriebsverfassungsgesetzes (BetrVG). Danach haben Arbeitgeber und Betriebsrat die Berufsbildung der Arbeitnehmer zu fördern, über geeignete Maßnahmen und über die Ausstattung betriebliche Einrichtungen zur Berufsbildung zu beraten sowie die Belange älterer Arbeitnehmer zu berücksichtigen.
Für weitere Details sei auf das VHZ-Buch "Rechtsbewusstes Handeln" verwiesen.

Beispiele für Qualifikations- und Weiterbildungsmöglichkeiten (Auswahl):

- *Ein- oder mehrtägige Seminare*
- *Lehrgänge mit Zertifikatsabschluss oder mit dem Ziel einer öffentlich-rechtlichen Prüfung (z.B. bei der IHK)*
- *Maßnahmen zur Umschulung oder beruflichen Rehabilitation*
- *Fernunterricht und Fernstudium*
- *Der Besuch von Fachmessen, Fachausstellungen und Fachkongressen*
- *Die Einrichtung einer innerbetrieblichen Fachmediathek*
- *Innerbetrieblicher Internetzugang*
- *Das Abonnement von Fachzeitschriften*
- *Die Beteiligung an Betriebsbesichtigungen*

5.5 Mitarbeiterbeurteilung

Um laufend über die Leistungen und das Verhalten der Mitarbeiter informiert zu sein, besteht die tägliche Führungsarbeit des Vorgesetzten darin, die Mitarbeiter taktvoll zu beobachten.

Er muss die Verrichtung der Arbeiten kontrollieren und bewerten sowie das Verhalten beurteilen. Je nachdem, ob zur Zufriedenheit des Vorgesetzten gearbeitet wurde oder nicht, sollte er seinen Mitarbeitern gegenüber Anerkennung bzw. Kritik in verschiedenen Abstufungen aussprechen.

In vielen tarifgebundenen Unternehmen ist außerdem mindestens jährlich eine schriftliche Mitarbeiterbeurteilung vorzunehmen und mit den betroffenen Mitarbeitern zu besprechen. Ziel solcher Beurteilungsgespräche ist es, das gewünschte Arbeits- und Sozialverhalten der Mitarbeiter zu würdigen (Verstärkung) und unerwünschtes Arbeits- und Sozialverhalten zu korrigieren (Veränderung).

Ein Sonderfall der Beurteilung ist das Arbeitszeugnis, welches eine summarische Beurteilung über den gesamten Beschäftigungszeitraum darstellt.

Abb. 23 – Formen der Mitarbeiterbeurteilung

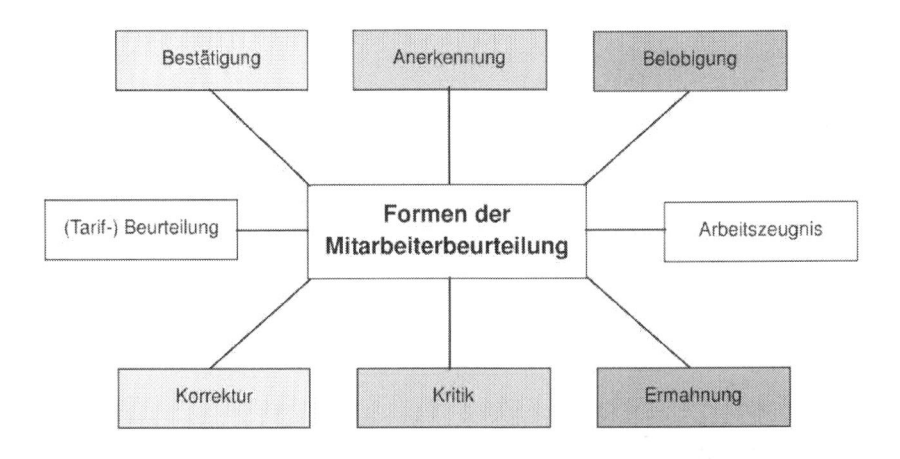

[Diagramm: Formen der Mitarbeiterbeurteilung – Bestätigung, Anerkennung, Belobigung, (Tarif-) Beurteilung, Arbeitszeugnis, Korrektur, Kritik, Ermahnung]

Grundsätze und Formen von Anerkennung und Kritik

Anerkennung und Kritik sind wichtige Führungsinstrumente in der betrieblichen Praxis. „Kritik" war ursprünglich ein wertfreier Begriff. Mittlerweile verstehen die meisten Menschen unter Kritik jedoch ein negatives Urteil. Sie ist bei Fehlern oder falschem Verhalten aber notwendig, weil sie dem Mitarbeiter aufzeigt, dass sich etwas ändern muss.

5.5.1 Formen der Anerkennung

Bei der Anerkennung zufriedenstellender, guter oder sehr guter Leistungen und Verhaltensweisen können verschiedene Abstufungen unterschieden und Regeln empfohlen werden:

Bestätigung, wenn der Mitarbeiter das vorgegebene Ziel ohne Hindernisse erreicht hat.
Sprachliche Hilfe: „Passt so!" oder „In Ordnung!"

Anerkennung, wenn das Ergebnis unter schwierigen Umständen erreicht wurde.
Sprachliche Hilfe: „Das haben Sie richtig gut gelöst, weil…"

Belobigung, wenn über einen längeren Zeitraum gute Ergebnisse unter schwierigen Umständen erreicht worden sind oder wenn ein Verhalten dauerhaft vorbildlich war. Belobigungen werden oft schriftlich fixiert und zur Personalakte gegeben.

Regeln zur Anerkennung

Ziel der Anerkennung ist, das Leistungs- und Sozialverhalten des Mitarbeiters zu würdigen und ihm damit ein Erfolgserlebnis zu verschaffen, das zu einer Verstärkung der positiven Leistungs- und Verhaltensweisen führt. Eine nicht ausgesprochene Anerkennung wirkt wie eine vorenthaltene Entlohnung; zu häufige Anerkennung führt hingegen zur Gewöhnung und verliert so ihre gewünschte Wirkung.

Daher sollten folgende Hinweise bei der Durchführung von Anerkennungen beachtet werden:

- *Sie sollte unter vier Augen ausgesprochen werden, um Neid und Missgunst der Kollegen vorzubeugen.*

- *Die Leistung und das gezeigte Verhalten müssen im Vordergrund stehen, nicht die Person (Sachlichkeit).*

- *Eine Anerkennung sollte nicht in der gleichen Situation mit Kritik an einer anderen Leistung verbunden sein.*

- *Der Vorgesetzte muss eine angemessene Sprache und Ausdrucksweise wählen.*

5.5.2 Formen der Kritik

Bei der Kritik an nicht einwandfreien, fehlerhaften oder wiederholt ungenügenden Leistungen und Verhaltensweisen können folgende Abstufungen unterschieden und Regeln empfohlen werden:

Korrektur, wenn das Ergebnis mit leichten Fehlern behaftet ist.
Sprachliche Hilfe: „Das passt soweit, aber bitte beachten sie in Zukunft..."

Kritik, wenn das Ergebnis verfehlt oder ein unangemessenes Verhalten gezeigt wurde.
Sprachliche Hilfe: „„Das geht so nicht! In Zukunft erwarte ich von Ihnen..."

Ermahnung, wenn über einen längeren Zeitraum bzw. wiederholt keine zufriedenstellenden Ergebnisse erreicht worden sind oder sich das Verhalten trotz mehrfacher Aufforderung nicht positiv geändert hat. Eine besonders strenge Form der Ermahnung ist die **Abmahnung**, die unter genauer Benennung des Grundes schriftlich fixiert und zur Personalakte gegeben wird.

Regeln zur Kritik

Ziel der Kritik ist, das Leistungs- und Sozialverhalten des Mitarbeiters zu verbessern und ihm klare Hinweise und Vorgaben darüber zu vermitteln, welche Veränderungen von ihm erwartet werden. Die künftige Vermeidung von Leistungs- und Verhaltensfehlern des Mitarbeiters muss Priorität haben, nicht etwa das „Dampf-Ablassen" des verärgerten Vorgesetzten.

Daher sollten folgende Hinweise für die Durchführung von Kritik beachtet werden:

- *Sie sollte unter vier Augen ausgesprochen werden, um den Mitarbeiter nicht bloßzustellen.*
- *Die mangelhafte Leistung oder das unangemessene Verhalten müssen im Vordergrund stehen, nicht die Person selbst (Sachlichkeit).*
- *Die Kritik sollte konstruktiv (aufbauend) sein, d.h. es sollten klare Lösungsmöglichkeiten aufgezeigt werden.*
- *Der Vorgesetzte muss auch hier eine angemessene Sprache und Ausdrucksweise wählen. Keine Beleidigungen!*
- *Wenn der Vorgesetzte merkt, dass er über den Mitarbeiter extrem verärgert ist, sollte er das Kritikgespräch vielleicht erst am folgenden Tag führen.*
- *Kritik darf niemals in Abwesenheit des Betroffenen gegenüber Dritten (z.B. Kollegen) erfolgen.*

5.5.3 Beurteilungen

In den meisten tariflich gebundenen Unternehmen werden die Mitarbeiter ein Mal im Jahr beurteilt. Dabei kommen standardisierte Beurteilungsbögen zur Anwendung, auf die sich Arbeitgeberverbände und Gewerkschaften verständigt haben.

Die Tarifbeurteilung dient der Ermittlung von tariflichen Leistungszulagen und -prämien. Dazu werden fünf Kriterien beurteilt, die je nach Beurteilungsstufe unterschiedlich gewichtet sind und aus denen sich eine Gesamtpunktzahl errechnen lässt. Aus dieser wiederum resultiert dann die Höhe der Zulage.

Ob ein solches System als objektive Beurteilung gelten kann, ist fraglich. Wenn es ums Geld geht, spielen andere Faktoren als die reine Leistung oder das Verhalten in die Beurteilung hinein, zum Beispiel das Gesamtbudget, das der Führungskraft zur Verfügung steht, oder die Vermeidung des Vorwurfs, bestimmte Mitarbeiter würden bevorzugt oder benachteiligt.

Führungsmethoden und -techniken, 5.5.3

Abb. 24 - Beispiel einer Leistungsbeurteilung

Aufbau des Beurteilungsbogens gemäß MTV Metall- und Elektroindustrie

Kriterium	A	B	C	D	E
Arbeitsquantität	0	7	14	21	28
Arbeitsqualität	0	7	14	21	28
Arbeitseinsatz	0	4	8	12	16
Arbeitssorgfalt	0	4	8	12	16
Betriebliches Zusammenwirken	0	3	6	9	12

Definition der fünf Beurteilungsstufen A bis E:

Stufe A = Die Leistung ist ausreichend.
Stufe B = Die Leistung entspricht im Allgemeinen den Anforderungen.
Stufe C = Die Leistung entspricht in vollem Umfang den Anforderungen.
Stufe D = Die Leistung übertrifft die Anforderungen erheblich.
Stufe E = Die Leistung übertrifft die Anforderungen in hohem Maße.

Definition der in die Felder eingesetzten Zahlen:

Sie zeigen die Gewichtung der einzelnen Kriterien und Stufen auf und lassen sich zu einer Gesamtpunktzahl addieren. Je mehr (Gesamt-) Punkte erreicht werden, desto höher fällt die Zulage aus.

Doch auch abseits tariflicher Vorschriften werden schriftliche Mitarbeiterbeurteilungen benötigt:

- Zur Eignungsprüfung in der Probezeit
- Zur sachlichen Feststellung der Leistung und des Verhaltens
- Zum laufenden Vergleich mit der Stellenbeschreibung
- Zum Feststellen von Fort- oder Rückschritten
- Zur Ermittlung von Qualifikationsbedarf (Personalentwicklung)
- Als Feedback für den Mitarbeiter, wie er eingeschätzt wird
- Als Grundlage für die Erstellung von Arbeitszeugnissen

Führungsmethoden und -techniken, 5.5.3

Schritte zu einer fairen Beurteilung

Um einen Mitarbeiter fair und zutreffend zu beurteilen, empfiehlt sich die Einhaltung folgender Regeln und Schritte:

Abb. 25 - Beurteilungsschritte

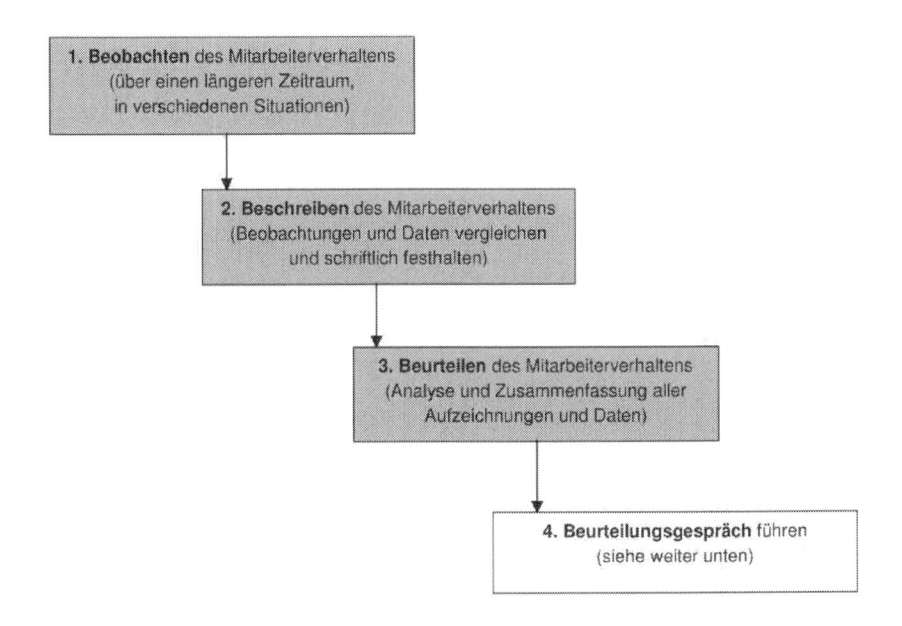

```
1. Beobachten des Mitarbeiterverhaltens
   (über einen längeren Zeitraum,
   in verschiedenen Situationen)
        │
        ▼
   2. Beschreiben des Mitarbeiterverhaltens
      (Beobachtungen und Daten vergleichen
      und schriftlich festhalten)
           │
           ▼
      3. Beurteilen des Mitarbeiterverhaltens
         (Analyse und Zusammenfassung aller
         Aufzeichnungen und Daten)
              │
              ▼
         4. Beurteilungsgespräch führen
            (siehe weiter unten)
```

Phase „Beobachten"

Beobachten heißt nicht, den Mitarbeiter zu belauern, sondern seine natürlichen (normale) Verhaltensweisen im Arbeitsprozess zu erfassen. Damit der Vorgesetzte auch noch nach einem Jahr seine Beobachtungen wiedergeben kann, sollte er einen Beobachtungsbogen verwenden, den er für jeden einzelnen Mitarbeiter führt.

Es sollten dabei nicht nur Beobachtungen über die Leistungen des Mitarbeiters, sondern auch über dessen Verhalten anderen Kollegen und den Vorgesetzten gegenüber einfließen. Die Beobachtungen sollten zu wechselnden Zeitpunkten und bei wechselnden Anforderungen stattfinden, da sonst leicht Fehleinschätzungen entstehen können. Einmalige Verfehlungen, die durch ein Gespräch bereinigt wurden, haben nichts mehr in der Beurteilung zu suchen.

Führungsmethoden und -techniken, 5.5.3

Phase „Beschreiben"

Nach der Beobachtungsphase werden die über einen längeren Zeitraum erstellten Aufzeichnungen zu einer ausführlichen Beschreibung des Leistungsverhaltens zusammengefasst.
Der Vorgesetzte sollte sich bemühen, hier möglichst wertfrei und ohne plakative Begriffe vorzugehen.

Die Beschreibung, d.h. die möglichst wertfreie Dokumentation des Leistungsverhaltens, hilft, die Beurteilung auf konkrete Ergebnisse und Verhaltensweisen zu stützen.

Phase „Beurteilen"

In der Phase der Bewertung wird der Industriemeister seine Beschreibungen systematisieren und den Leistungsmerkmalen zuordnen. Er muss sich Zeit nehmen und nachdenken, welche Informationen er zum Merkmal „Anwendung der Kenntnisse" (z.B. über Einzelfragen wie Sorgfalt, Genauigkeit) gewonnen hat und wie er die Summe dieser Beobachtungen bewertet (d.h. welche Beurteilungsstufe er für angemessen hält).

5.5.3.1 Typische Beurteilungsfehler

Menschen sind keine Maschinen, sondern Individuen mit unterschiedlichen Interessen, Gefühlen, Launen und Fehlern. Dies gilt auch für den Vorgesetzten, der die Aufgabe hat, seine Mitarbeiter zu beurteilen. Es wird leider immer wieder vorkommen, dass Beurteilungen eher die Meinung des Beurteilers widerspiegeln als die tatsächlich erbrachte Leistung des beurteilten Mitarbeiters.

Wer jedoch die typischen Beurteilungsfehler kennt und sich bewusstmacht, kann sicherlich zu einer objektiveren und gerechteren Beurteilung kommen als jemand ohne solche Kenntnisse. Daher sollte in Betrieben, in denen die Vorgesetzten ein regelmäßiges Beurteilungssystem anwenden sollen, sorgfältig darauf vorbereitet und kontinuierlich geschult werden. Dies gewährleistet am besten, das Beurteilungsfehler vermieden werden.

Man unterscheidet zunächst zwei Arten von Beurteilungsfehlern: **Fehler bei der Wahrnehmung** und **Fehler im Maßstab**.

Fehlerquellen in der Wahrnehmung (Auswahl):

Halo-Effekt

Beim Halo-Effekt (halo = leuchten, strahlen – man denke an eine **Halo**genlampe) wird von einer Eigenschaft auf andere Merkmale geschlossen.

Beispiel: Ein Mitarbeiter ist äußerst hilfsbereit und erfreut den Vorgesetzten durch diese Eigenschaft. Es kann nun passieren, dass die positive Einschätzung beim Merkmal Hilfsbereitschaft so „leuchtet", dass andere Eigenschaften, wie z.B. seine Fachkenntnisse, nicht mehr sachlich wahrgenommen werden. Ein hilfsbereiter Mitarbeiter muss aber nicht unbedingt ein fachlich guter Mitarbeiter sein.

Vorurteile

Dabei lässt sich der Vorgesetzte in seiner Beurteilung von Ansichten leiten, die er ohne Zutun des Mitarbeiters entwickelt hat. Er bildet sich aufgrund von bestimmten Merkmalen ein Urteil, ohne dieses an der Realität zu prüfen.

Beispiel: „Mitarbeiter mit langen Haaren und nachlässiger Kleidung sind auch in der Leistung schlampig."

Nikolaus-Effekt

Beim Nikolaus-Effekt (auch Recency-Effekt genannt) basiert die Beurteilung auf Verhaltensweisen, die erst in jüngerer Zeit stattgefunden haben. Es wird nicht der ganze Beurteilungszeitraum zur Beurteilung herangezogen.

Beispiel: Ein Mitarbeiter hat letzte Woche einen schlimmen Fehler begangen. Da dieser noch sehr präsent ist, wird kaum mehr wahrgenommen, dass der Mitarbeiter zuvor tadellose Arbeit verrichtet hat.

Primacy-Effekt

Hier werden die zuerst erhaltenen Informationen und Eindrücke sehr viel stärker wahrgenommen als später beobachtete Leistungen und Verhaltensweisen.

Beispiel: Ein neuer Mitarbeiter war in den ersten Tagen sehr nervös und leistete sich viele Fehler. Es ist nun „vorverurteilt", und bei jedem späteren Fehler heißt es: „Das war doch schon von Beginn an klar".

Führungsmethoden und -techniken, 5.5.3

Lorbeer-Effekt

In „grauer Vorzeit" hat ein Mitarbeiter hervorragende Leistungen erzielt. Obwohl er diese in der jüngeren Vergangenheit nicht mehr bestätigen konnte, werden diese Verdienste in der anstehenden Beurteilung unangemessen stark berücksichtigt.

Voreilige Schlussfolgerungen

„Der macht immer Mist!" (obwohl dem Mitarbeiter nur einmal ein größerer Fehler unterlaufen ist)

Fehlerquellen im Maßstab (Auswahl):

Neben einer verzerrten Wahrnehmung können Beurteilungsfehler auch dadurch entstehen, dass die beobachteten Leistungs- und Verhaltensmerkmale falsch gewichtet werden – der Maßstab, an dem sie gemessen werden, stimmt nicht.

Bei der **Tendenz zur Mitte** werden überproportional häufig mittlere Wertansätze auf der Skalierung gewählt. Man will bei der Beurteilung niemandem wehtun, man will aber auch keine zu guten Beurteilungen abgeben, damit es nicht zu Neid und Missgunst kommt.

Bei der **Tendenz zur Milde** wird der Mitarbeiter besser beurteilt, als er es verdient hat. Häufig deshalb, weil der Vorgesetzte Diskussionen und Schwierigkeiten vermeiden will. Das Anspruchsniveau ist zu niedrig angesetzt.

Bei der **Tendenz zur Härte** tritt das Gegenteil auf: Der Beurteiler ist zu kritisch, seine Beurteilungen sind überproportional streng.

Beim **Sympathiefehler (Antipathiefehler)** erfolgt eine zu positive (oder zu negative) Beurteilung. Dem Vorgesetzten ist der Mitarbeiter besonders sympathisch (oder unsympathisch), deshalb fällt die Beurteilung besser (oder schlechter) aus, als sie es auf der Basis sachlicher Kriterien sein sollte.

Falsche Subjektivität: Der Vorgesetzte nimmt sich und seine persönlichen Einstellungen und Meinungen als Maßstab. Seine (evtl. unzutreffenden) persönlichen Werteinschätzungen werden unreflektiert als Messlatte eingesetzt.

Beispiel: Ein Vorgesetzter ist ein „Hygyene-Fanatiker" und wäscht sich 20 mal am Tag die Hände. Jeden, der das nicht auch macht, hält er für einen „Schmutzfink".

5.5.3.2 Das Beurteilungsgespräch

Ein Beurteilungsgespräch könnte z.B. folgendermaßen aufgebaut sein:

1. Vorbereitung
- Ruhiger Raum ohne Störungen, Telefone stummschalten
- Mitarbeiter rechtzeitig einladen
- Eigene Dokumente bereithalten

2. Eröffnung
- Sich auf den Gesprächspartner einstellen, eine freundliche Atmosphäre schaffen, evtl. eine Tasse Kaffee
- Die Gesprächsbereitschaft des Mitarbeiters gewinnen, Hemmungen abbauen

3. Erörterung der positiven Beurteilungspunkte:
- Nicht nach der Reihenfolge im Beurteilungsrahmen vorgehen, wenn die Reihenfolge keine positive Eröffnung zulässt
- Positive Veränderungen (so es sie gibt) gegenüber der letzten Beurteilung hervorheben
- Bewertungen konkret an Beispielen belegen

4. Erörterung der zu verbessernden Beurteilungspunkte:
- Vorgehen ähnlich wie unter Punkt 3
- Verbesserungsmöglichkeiten zukunftsorientiert darstellen und Unterstützung anbieten
- Den Sachverhalt in den Mittelpunkt stellen, nicht die Person

5. Stellungnahme des Mitarbeiters anhören:
- Den Mitarbeiter zu Wort kommen lassen, ein interessierter und aufmerksamer Zuhörer sein
- Aktiv zuhören, durch offene Fragen zu weiteren Äußerungen anregen
- Dem Mitarbeiter den größeren Zeit-/Wortanteil überlassen (asymmetrische Gesprächsführung)
- Evtl. noch einmal einzelne Gesichtspunkte der Beurteilung genauer begründen
- Zeigen, dass die Argumente des Mitarbeiters ernst genommen werden

6. Gemeinsam alternative Vorgehensweisen diskutieren:
- Den Mitarbeiter selbst auf Lösungen kommen lassen
- Konkrete Hinweise geben und Unterstützung anbieten
- nicht in die Privatsphäre des Mitarbeiters eindringen
- während des Gesprächs Notizen machen

7. Positiver Gesprächsabschluss:
- Wesentliche Punkte des Gesprächs noch einmal kurz zusammenfassen
- Gemeinsamkeiten und Unterschiede noch einmal klar herausstellen
- Zuversicht über den Erfolg von Leistungskorrekturen vermitteln
- Evtl. ein Folgegespräch vereinbaren (wann, welche Themen?)
- Evtl. eine Zielvereinbarung schriftlich fixieren
- Zum Schluss beim Mitarbeiter für das Gespräch bedanken

5.6 Arbeitszeugnisse

Jeder von uns ist im Laufe seines Lebens gezwungen, seine Qualifikation und seine Berufserfahrung nicht nur praktisch, sondern auch durch schriftliche Bestätigungen nachzuweisen. In der Jugend geschieht dies durch Schulzeugnisse, später dann vor allem durch Berufsabschlüsse (z.B. Meisterbrief) und durch **Arbeitszeugnisse**.

Ein Arbeitszeugnis kann für einen künftigen Arbeitgeber eine recht aussagefähige Bewerbungsunterlage darstellen. Vor allem in Großbetrieben wird auf Zeugnisse früherer Arbeitgeber Wert gelegt. In solchen Unternehmen gibt es in der Regel Personalreferenten, die in speziellen Schulungen auf die Entschlüsselung der meist "kodierten" Zeugnissprache trainiert worden sind.

Ursache für diese Verschlüsselung ist, dass es die Rechtssprechung verbietet, eindeutig negative Formulierungen zu verwenden. Dies könnte - neben anderen Gesichtspunkten - einen Verstoß gegen Artikel 1 GG darstellen ("Die Würde des Menschen ist unantastbar"). Laut Bundesarbeitsgericht (BAG) muss das Zeugnis "**wohlwollend**" formuliert, andererseits aber auch "**wahrheitsgemäß**" abgefasst sein; dem Beurteilten dürfen "keine Nachteile für seinen beruflichen Werdegang" entstehen.

Führungsmethoden und -techniken, 5.6

Wenn Sie selbst einmal mit Ihrem eigenen Arbeitszeugnis nicht zufrieden sind, sollten Sie nicht gleich erschrecken. In der Mehrzahl der Fälle entsteht eine falsche Formulierung unabsichtlich und in Unkenntnis der "Zeugnissprache". Fragen Sie zunächst höflich bei der ausstellenden Firma an, ob ein Versehen vorliegt, und weisen Sie dabei auf die wirkliche Bedeutung der Formulierungen hin. Bringen Sie gleich einen konkreten Änderungsvorschlag.
Etwas Diplomatie und Fingerspitzengefühl wird Ihnen dabei mehr helfen als die zornige Drohung mit dem Rechtsanwalt.

Vielleicht werden Sie bald selbst Zeugnisse oder Zeugnisentwürfe für Mitarbeiter Ihrer Abteilung erstellen müssen. Denken Sie dann daran, dass eine schlechte oder gedankenlos hingeschriebene Formulierung dem Beurteilten große Nachteile bescheren kann. Nehmen Sie sich Zeit und versuchen Sie, den Mitarbeiter fair zu beurteilen, auch wenn Sie ihn vielleicht nicht mögen.

Ein extrem negatives oder gar "fieses" Arbeitszeugnis stellt auch dem Verfasser ein "Armutszeugnis" aus!

Das **einfache Zeugnis** ist auch als **Arbeitsbescheinigung** bekannt. Es enthält – neben den Angaben über die Person des Mitarbeiters – ausschließlich Angaben über die Art und die Dauer der Beschäftigung, aber keine Wertungen.

Ein Vorgesetzter, der von einem Bewerber ein solches „einfaches" Arbeitszeugnis des früheren Arbeitgebers erhält, sollte misstrauisch sein – oft soll hier etwas vorenthalten werden, etwa eine Trennung im Streit, das Vorliegen einer Straftat (z.B. Diebstahl) oder ein ähnlicher Vertrauensbruch.

Das **qualifizierte Arbeitszeugnis** ist heute das Standard-Arbeitszeugnis. Es soll der Gesamtpersönlichkeit des Mitarbeiters Rechnung tragen und diese würdigen. Hierbei geht es um die Beurteilung der Fähigkeiten sowie der erbrachten Leistungen und des Verhaltens des Arbeitnehmers.

Bestandteile sind:		
	1. Äußere Form	7. Leistungsbeurteilung
	2. Überschrift	8. Verhaltensbeurteilung
	3. Einleitung	9. Schlussabsatz
	4. Beschäftigungsdauer	10. Ausstellungsdatum
	5. Beendigungsdatum	11. Unterschrift(en)
	6. Tätigkeitsbeschreibung	

In der folgenden Tabelle finden Sie einige Hinweise, auf welche Schlüsselbegriffe man im Qualifizierten Arbeitszeugnis achten sollte:

Tab. 9 - Schlüsselbegriffe im qualifizierten Arbeitszeugnis

„Schlüssel" zur Leistungsbeurteilung

„Mit seinen Leistungen waren wir...

zufrieden → Note 4
STETS (oder VOLL) zufrieden → Note 3
STETS VOLL zufrieden → Note 2
STETS VOLLST zufrieden → Note 1

Die Formulierung **„Er hat sich bemüht..."** heißt hingegen, dass der Mitarbeiter aber leider erfolglos blieb *(→ Note 5 oder 6)*.

„Schlüssel" zur Verhaltensbeurteilung (Auswahl)

„war (sehr) geschätzt" → *(sehr) gut!*
„war überall beliebt" → *Schwätzer, verbreitete Gerüchte*
„kam gut zurecht" → *war eher unauffällig*
„war sehr gewissenhaft" → *arbeitete zu langsam*
„verhielt sich korrekt" → *war distanziert, wenig teamfähig*
„legte Wert auf Pünktlichkeit" → *lehnte Mehrarbeit (oft) ab*
„hat Einfühlungsvermögen" → *zeigte sexuelles Fehlverhalten*
„geselliges Wesen" → *Alkoholprobleme*
„zeigte große Offenheit" → *war frech, aufsässig, unverschämt*
„bezieht klare Positionen" → *ist unbelehrbar, nimmt Kritik nicht an*

„Schlüssel" zum Schlussabsatz (Auswahl)

„verlässt uns auf eigenen Wunsch" → *Mitarbeiter hat selbst gekündigt*
„er verlässt uns am 27.1.2017" → *dem Mitarbeiter wurde gekündigt*
„sie verlässt uns einvernehmlich" → *Aufhebungsvertrag*
„wünschen ihm alles Gute" → *neutrale Standardformulierung*
„wünschen ihm Gesundheit" → *war oft krank*

Eine detailliertere Offenlegung und Interpretation der „verschlüsselten" Zeugnissprache würde den Rahmen dieser Darstellung sprengen. Es gibt aber sowohl auf dem Buchmarkt als auch im Internet gute Quellen zu diesem Thema.

5.7 Beeinflussung von Fehlzeiten und Fluktuation

Fehlzeiten (z.B. krankheitsbedingt) und **Fluktuation** (häufiger Wechsel von Mitarbeitern) stellen Vorgesetzte vor große Probleme, denn der Arbeitsablauf wird durch die dadurch nötigen personellen Änderungen erheblich gestört. Für Vorgesetzte bedeuten sie meist schwierige Umplanungen und eine anstrengende Suche nach geeignetem Ersatz, für die anderen Mitarbeiter ist oft Mehrarbeit die Folge.

Die Ursachen für Fehlzeiten können vielfältig sein. Man kann aber zwischen **planbaren** und **nicht planbaren Fehlzeiten** unterscheiden:

Planbar sind z.B. Abwesenheiten wegen Urlaub, Weiterbildung, Mutterschutz, Elternzeit oder Reduzierung von Überstunden. Hier haben Vorgesetzte eine oft lange ‚Vorwarnzeit' und können rechtzeitig umplanen.

Nicht planbar sind hingegen Abwesenheiten z.B. wegen Krankheit, Unfall, familiärer Probleme – und wegen mangelhafter Motivation der Mitarbeiter.
Vor allem Letzteres müssen Vorgesetzte im Auge behalten: Denn zufriedene, motivierte Mitarbeiter, die in einem angenehmen Betriebsklima arbeiten, neigen deutlich weniger zu Fehlzeiten aus geringfügigen Gründen.

Beispiel 1: *Ein Mitarbeiter fühlt sich ungerecht behandelt und ist deshalb unzufrieden. Beim Aufstehen am Morgen stellt er eine leichte Erkältung fest, ruft im Betrieb an und meldet sich krank.*

Beispiel 2: *Ein Mitarbeiter ist motiviert und zufrieden. Beim Aufstehen am Morgen stellt er eine leichte Erkältung fest, will aber die Kollegen und den Chef nicht hängen lassen und fährt zur Arbeit.*

Ganz ähnlich verhält es sich bei der **Fluktuation** (d.h. die Mitarbeiter wechseln häufig). Zwar wird kaum jemand die Abteilung wechseln oder gar kündigen wollen, nur weil die Bezahlung oder die Arbeitsbedingungen schlecht sind. Wenn aber dann auch noch unsympathische Kollegen oder ein blöder Vorgesetzter dazu kommen, ist für die meisten Mitarbeiter das Maß voll – sie wollen weg.

Da **Fluktuation** einen erheblichen Mehraufwand bedeutet (erfahrene Leute gehen, neue Leute müssen eingearbeitet werden, die Suche nach Personal kostet viel Aufwand und Geld, und oft findet man kurzfristig keinen geeigneten Ersatz) sollten Vorgesetzte schon aus Eigennutz darauf achten, dass sie sich in Grenzen hält. Dies kann durch einen mitarbeiterorientierten Führungsstil, die Förderung eines guten Betriebsklimas und durch eine Optimierung der ergonomischen Rahmenbedingungen zumindest unterstützt werden.

5.8 Einführung neuer Mitarbeiter

Zu den wichtigsten Aufgaben einer Führungskraft gehört die Einführung neuer Mitarbeiter. Die Art und Weise, wie „Neue" begrüßt, in den Betrieb eingeführt und mit den hiesigen Regeln und Gepflogenheiten vertraut gemacht werden, bestimmt den Erfolg und das Tempo der arbeitstechnischen und sozialen Integration.

Notwendigkeit und Ziele:

- Die Bewerberauswahl hat Aufwand und Kosten verursacht, die sollen nicht umsonst gewesen sein.
- Der neue Mitarbeiter muss ins Team passen. Es gefällt aber vielleicht anfangs nicht jedem in der Gruppe, dass ein Neuer kommt.
- Das „Wir-Gefühl" des bestehenden Teams könnte zunächst aus dem Gleichgewicht geraten (siehe Kapitel 3): „Passt der Neue zu uns? Wird er sich an unsere Spielregeln halten? Ist er eine Gefahr, oder nützt er uns?"
- Auch der neue Mitarbeiter hat anfangs seine Bedenken: „Schaffe ich das? Hoffentlich halten sie, was versprochen wurde. Hoffentlich sind die neuen Kollegen okay und helfen mir."
- Der Vorgesetzte muss diese Bedenken durch sein Führungsverhalten möglichst schnell zerstreuen und für schnelle Integration sorgen.
- Die ersten Arbeitstage des neuen Mitarbeiters sind von großer Bedeutung – sie entscheiden oft über die zukünftige Einstellung des Neuen zu Firma, Meister, Kollegen und Arbeit.

Vorbereitung der Einführung:

- Erstellung eines **Einarbeitungsplanes** für die ersten Wochen:
- Wann kommt er, wer begrüßt ihn, führt ihn ins Team und am Arbeitsplatz ein?
- Wer wird ihn als „Pate" in den ersten Wochen unterstützen?
- Sind Arbeitsplatz, Spind und Schutzausrüstung vorbereitet?
- Wer zeigt ihm die Sozialräume (Kantine, WCs, Duschen...)
- Wie soll das Einführungsgespräch ablaufen?
- Wer führt ihn in Arbeitssicherheit und UVV ein?
- Wen muss er sonst noch kennen lernen (z.B. aus anderen Teams, Personalabteilung, Betriebsrat...)

Einführungsgespräch:

- Einstieg: Freundliche Begrüßung, kurzer „Smalltalk", eine Tasse Kaffee.
- Info-Austausch: Vorkenntnisse und frühere Arbeitsaufgaben des Neuen, Ziele und Erwartungen des Unternehmens, Ansprechpartner...
- Arbeitsorientierung: Besprechung des erstellten Einarbeitungsplans, dazu den „Paten" dazuholen und dessen Funktion erklären.
- Abschluss: Ermutigung und Freude über die künftige Zusammenarbeit aussprechen, Termin für Nachgespräch(e) vereinbaren.
- Nachfassen: Gemäß der „3-3-3-Regel" mindestens ein Gespräch mit dem neuen Mitarbeiter nach drei Tagen, drei Wochen und drei Monaten.

5.9 Unterweisung nach der „Vier-Stufen-Methode"

In vielen Fällen kann die Unterweisung neuer Mitarbeiter nach der aus dem „AdA"-Teil der IHK-Fortbildungen bekannten Vier-Stufen-Methode vorgenommen werden, die hier nur noch einmal in ihren Grundzügen dargestellt wird:

Stufe 1: Vorbereiten

- *Der Vorgesetzte selbst muss sich inhaltlich, methodisch und sprachlich auf die Unterweisung vorbereiten sowie deren Dauer planen.*
- *Der Mitarbeiter sollte voher rechtzeitig über das Thema der Unterweisung informiert werden. Zu Beginn sollte durch ein einführendes Gespräch die Bedeutung des Unterweisungsthemas für den betrieblichen Ablauf klar verdeutlicht werden.*
- *Der Arbeitsplatz nebst der erforderlichen Unterlagen, Geräte und Werkzeuge muss vorbereitet werden.*

Stufe 2: Vormachen und erklären

- *Der Vorgesetzte macht den jeweiligen Arbeitsgang vor und erklärt die Zusammenhänge:* **WAS** *ist zu tun,* **WIE** *ist es zu tun und* **WARUM** *muss es so und nicht anders gemacht werden.*
- *Die wichtigsten Kernpunkte der Unterweisung bzw. des Arbeitsablaufs sollten hervorgehoben und so lange wiederholt werden, bis die Arbeitsgänge verstanden worden sind.*

Stufe 3: Nachmachen und erklären lassen

- *Wenn man sicher ist, dass der Mitarbeiter die Arbeitsgänge verstanden hat, muss er diese selbst – unter Kontrolle des Vorgesetzten – durchführen.*
- *Dabei sollte der Mitarbeiter mit eigenen Worten erklären, WAS er macht, WIE er es macht und WARUM er es genau so und nicht anders macht. Nur so kann man sich vergewissern, ob die zuvor demonstrierten und erklärten Arbeitsgänge auch richtig verstanden worden sind.*
- *Dazu sind evtl. mehrmalige Wiederholungen nötig, bei denen der Vorgesetzte bei Bedarf eingreift, z.B. dann, wenn noch Fehler oder Unsicherheiten beim Mitarbeiter vorliegen.*

Stufe 4: Üben lassen

- *Wenn der Vorgesetzte überzeugt ist, dass die Arbeitsgänge vom Mitarbeiter verstanden worden sind, kann der Mitarbeiter durch vielfache Wiederholung eine flüssige Beherrschung erlangen. Der Vorgesetzte muss dabei in der Nähe bleiben, um zu kontrollieren und um bei Schwierigkeiten sofort helfen zu können.*

Solche Unterweisungen können für den Vorgesetzten eine recht zeitraubende Sache sein. Aber: Je genauer und sorgfältiger diese Arbeitsunterweisung abläuft, desto geringer wird die spätere Unsicherheit und Fehlerquote des Mitarbeiters sein. Und das hilft nicht nur dem Mitarbeiter, sondern langfristig auch dem Vorgesetzten, weil er weniger häufig korrigierend eingreifen muss.

5.10 Urlaubsplanung

Da Urlaub zwangsläufig Fehlzeiten verursacht, muss eine rechtzeitige und sorgfältige Urlaubsplanung vorgenommen werden, damit einerseits die Mitarbeiter zufrieden sind und andererseits ein reibungsloser Arbeitsablauf gesichert ist. Dem Erholungsrecht des Mitarbeiters steht jedoch gleichberechtigt die Aufrechterhaltung der betrieblichen Erfordernisse gegenüber.

Rechtlich hat der Arbeitgeber beim Urlaub ein **Direktivrecht**, d.h. er kann Urlaubsanträge gemäß der Auftragsauslastung genehmigen oder ablehnen. Allerdings ist er dabei an die Vorgaben des Bundesurlaubsgesetzes (BUrlG) und an geltende Tarifverträge oder Betriebsvereinbarungen gebunden.

Vorgesetzte müssen deshalb bei der Planung des Jahresurlaubs der Mitarbeiter überlegen, welche Regelungen getroffen werden können. Mitarbeiter erwarten dabei eine gerechte Behandlung und Differenzierung:

- *Ungebundene Mitarbeiter, die auch abseits der Ferienzeiten Urlaub machen können*
- *Alleinerziehende Mütter und Väter mit Kleinkindern*
- *Eltern mit Schulkindern, die auf die Schulferien angewiesen sind*
- *Mitarbeiter mit bestimmten Hobbys, die nur in bestimmten Jahreszeiten möglich sind*
- *Ältere Mitarbeiter, die evtl. mehr Erholung benötigen*
- *Auszubildende mit Berufsschulzeiten*

Eine Möglichkeit sind generelle Betriebsferien, die mit dem Betriebsrat vereinbart werden müssen. Aber nicht jeder Betrieb kann eine solche Regelung vornehmen.

Deshalb bietet sich eine andere Lösung an:

Der Betrieb und der Vorgesetzte sollte seine Mitarbeiter an der Urlaubsplanung beteiligen. Dies wird in vielen Unternehmen mit großem Erfolg praktiziert.
Beteiligte Mitarbeiter entwickeln meist von sich aus die erforderlichen Vorschläge, damit in ihrem jeweiligen Bereich Arbeitsprozesse auch in der Urlaubszeit weiterlaufen.

Allerdings muss sich der Vorgesetzte die letzte Entscheidung selbst vorbehalten. Dies gilt insbesondere dann, wenn sich bei der Urlaubsplanung Differenzen zwischen den Mitarbeitern ankündigen. Hier erwarten die meisten Mitarbeiter, dass der Vorgesetzte ein „Machtwort" spricht und notfalls auch einzelne Urlaubsanträge ablehnt.

6. Konfliktmanagement und Kommunikation

(Im Rahmenplan: Fördern der Kommunikation und Kooperation durch Anwenden von Methoden zur Lösung betrieblicher Probleme und sozialer Konflikte)

6.1 Betriebliche Probleme und soziale Konflikte

„Wenn zwei Menschen immer wieder die gleichen Ansichten haben, ist einer von Ihnen überflüssig." (Sir Winston Churchill)

Wo Menschen zusammenleben oder arbeiten, kommt es zwangsläufig zu Konflikten. Denn die Zielsetzungen, Interessen oder Wertevorstellungen einzelner Menschen oder organisatorischer Gruppen können nie dauerhaft deckungsgleich sein.

Allgemein kann man von einem **Konflikt** sprechen, wenn es zu einer **Kollision von Standpunkten oder Interessen unterschiedlicher Personen oder Gruppen** kommt. Auch in uns selbst gibt es ständig Konflikte (*siehe Kapitel 3, Rollenkonflikte*), weil wir in vielen Situationen mit uns selbst ringen, was wir tun und wie wir uns verhalten sollen.

Konflikte sind also nicht unbedingt negativ zu sehen, sie sind völlig natürlich und kommen im Leben eigentlich dauernd vor. Es gibt ja durchaus auch positive Auswirkungen:

- *Ein Konflikt bringt Klärung.* Die beteiligten Konfliktparteien wissen hinterher, was möglich ist und was nicht.
- *Ein Konflikt kann Verbesserungen schaffen.* Wenn alle immer derselben Meinung wären, gäbe es keine Verbesserung des ‚Ist-Zustandes'.
- *Ein (offener) Konflikt kann bisher verborgene Meinungen zeigen.* Wie bei einem Gewitter: Vorher war es schwül, jetzt ist die Luft wieder klar.
- *Ein Konflikt kann dazu beitragen, die andere Seite besser zu verstehen.* Vielleicht ist ja die eigene Meinung doch nicht die bessere gewesen.

Entscheidend dafür, ob ein Konflikt negative oder positive Auswirkungen hat, ist die **Emotion** (*Gefühl, Leidenschaft*), mit der er ausgetragen wird.

Ein Konflikt kann streng sachlich ablaufen, z.B. wenn im Betrieb völlig ruhig über eine Verbesserung diskutiert wird. Doch meistens kommen dabei mehr oder minder starker Ausprägung **Emotionen** (Gefühle) ins Spiel.

Solche Emotionen können dazu führen, dass ein ursprünglich rein sachlicher Konflikt plötzlich ‚persönlich' wird. Die Konfliktparteien sind emotional ‚geladen' und tragen den Konflikt auf eine Art und Weise aus, welche eine gegenseitige Verletzung beabsichtigt oder zumindest billigend in Kauf nimmt.

6.1.1 Konfliktarten

In der Fachliteratur gibt es unzählige Konfliktarten. Sehen wir uns einmal die wichtigsten sozialen Konfliktarten an, die im Berufsleben vorkommen:

Zielkonflikt
Ein Zielkonflikt liegt vor, wenn die Konfliktparteien unterschiedliche Ziele verfolgen. Entscheidet man sich für ein bestimmtes Ziel, wird automatisch die Erreichung des anderen Ziels unmöglich.

Beispiel:
Ein Mitarbeiter möchte dringend Urlaub machen. Gerade jetzt braucht ihn sein Chef jedoch unbedingt.

Beurteilungskonflikt
Wenn die Konfliktparteien zwar das gleiche Ziel haben, allerdings aufgrund ihrer Denkweise unterschiedliche Wege dorthin gehen wollen, spricht man von einem Beurteilungskonflikt.

Beispiel:
Ein Unternehmen mit zwei Geschäftsführern ist sich zwar einig, dass die Personalkosten verringert werden müssen. Um dieses gemeinsame Ziel zu erreichen, möchte der eine Geschäftsführer Kurzarbeit durchsetzen. Der andere jedoch bevorzugt einen Personalabbau.

Verteilungskonflikt
Von einem Verteilungskonflikt ist die Rede, wenn sich die Konfliktparteien nicht über die Aufteilung von persönlichen, sachlichen oder finanziellen Mitteln einigen können. Somit kann eine Partei ihre Ziele nur auf Kosten der anderen Partei erreichen.

Beispiel:
In einem Unternehmen ist eine Führungsstelle frei geworden, auf die sich mehrere Mitarbeiter bewerben. Aber nur einer kann die Stelle bekommen.

Beziehungskonflikt

Wenn die Beteiligten die Zusammenarbeit wegen unterschiedlicher Einstellungen, Vorstellungen, Verhaltensweisen und Bedürfnissen als störend empfinden, kann es zu zwischenmenschlichen Spannungen kommen.

Beispiel:
Zwischen zwei Kollegen, die sich ein Büro teilen, kommt es immer wieder zu Spannungen, weil der eine ein eher unstrukturiert (chaotisch) arbeitet, der andere aber sehr strukturiert und bürokratisch.

Rollenkonflikt

Jeder Mensch spielt in seinem Leben unterschiedliche Rollen. Je nach Rolle werden unterschiedliche Erwartungen an die betroffene Person gerichtet, die manchmal widersprüchlich sind.

Beispiel:
Ein selbstständiger Handwerksmeister der seinen eigenen Sohn ausbildet, könnte in bestimmten Situationen in einen Rollenkonflikt zwischen seiner Unternehmerrolle, der Vaterrolle und der Ausbilderrolle geraten.

6.1.2 Konfliktursachen

Die Ursachen für einen Konflikt können sehr vielfältig sein. In manchen Fällen wird über eine Kleinigkeit verbissen gestritten, z.B. darüber, wie herum man eine Rolle Toilettenpapier einhängt. In anderen Fällen werden wirklich wichtige Themen als gar nicht so schlimm empfunden.
Man unterscheidet bei den Konfliktursachen zwischen **objektiven Faktoren** (Konfliktpotenzial, d.h. die sachlichen, messbaren Gründe eines Konflikts) und **subjektiven Faktoren** (Konfliktaktivierung, d.h. wie nimmt jemand den Konflikt wahr und lässt sich auf ihn ein).

6.1.2.1 Objektive Faktoren (Konfliktpotenzial)

Zielinkompatibilität:
- *Die Zielsetzungen verschiedener Mitarbeiter oder Gruppen sind nicht kompatibel, d.h. nicht miteinander zu vereinen.*

Abhängigkeiten:
- *Durch Arbeitsteilung und Spezialisierung kommt es zu einer Abhängigkeit voneinander.*

Ressourcenknappheit:
- *Knappe Mittel (Ressourcen) steigern das Konfliktpotenzial, es können Verteilungskonflikte entstehen.*

6.1.2.2 Subjektive Faktoren (Konfliktaktivierung)

Konfliktwahrnehmung:
- Persönlichkeit der Betroffenen (Sensible Menschen 'spüren' sofort, wenn sich ein Konflikt anbahnt, weniger sensible nicht)
- Konflikterfahrung (Wer schon viele Konflikte erlebt und durchgestanden hat, fürchtet sich weniger vor neuen Konflikten)

Konfliktbereitschaft:
- Persönliche Betroffenheit (Geht mich die Sache eigentlich etwas an?)
- Konflikttoleranz (Lasse ich die Meinung anderer gelten oder eher nicht?)
- Persönliche Strategien (Führe ich den Konflikt jetzt gleich oder warte ich eine günstigere Gelegenheit ab?)

Konfliktfähigkeit
- Intellektuelle Fähigkeiten (Kann ich mich mit den Kenntnissen und der Argumentation der Gegenseite messen oder nicht?)
- Psychische Stabilität (Bin ich in der Verfassung, den Konflikt wirklich bis zum Schluss durchzuziehen?)
- Vorgegebene Mechanismen zum Konfliktmanagement (In manchen Firmen gibt es schriftliche Regelungen, wie Konflikte zu behandeln sind)

Beispiel:

Objektive Konfliktursache:
Ein Kollege hat schon wieder nachweisbare Fehler gemacht.

Subjektive Konfliktursache:
Mitarbeiter A regt sich sehr darüber auf und beschwert sich beim Vorgesetzten. Mitarbeiter B findet die Aufregung überzogen, er sieht keinen Anlass für einen Konflikt oder für eine Beschwerde.

In den **objektiven** Faktoren schlummert also das **Konfliktpotenzial**, die **subjektiven** Faktoren sind für den tatsächlichen **Konfliktverlauf** verantwortlich. Sie entscheiden, ob und in welcher Intensität einen Konflikt aktiviert wird.

6.2 Konflikt- und Beschwerdemanagement

Die **Auswirkungen** eines Konflikts können je nach Ausprägung für ein Unternehmen große wirtschaftliche Folgen haben, denn die betriebliche Leistung wird durch sie in Mitleidenschaft gezogen. Aus diesem Grund muss der Vorgesetzte bereits **Anzeichen eines Konflikts** rechtzeitig erkennen.

Im **ungünstigsten Fall** führen Konflikte zu einem **Nachlassen von Kommunikation, Information und Zusammenarbeit**. Die Mitarbeiter werden zu Eigenbrötlern, die sich voneinander abschotten und vorwiegend isoliert arbeiten, obwohl Teamarbeit zum Erreichen der Ziele erforderlich wäre. Es findet nur noch „Dienst nach Vorschrift" statt. Die betroffenen Mitarbeiter übernehmen ungern Verantwortung, eine Einstellung, welche die Flexibilität des Unternehmens lähmt.

Damit die Führungskraft die Möglichkeiten eines **konstruktiven Konfliktmanagements** nutzen kann, muss sie sich die Frage stellen, wann und wie sie bei Konflikten einschreitet und wie sie Konflikte von vorneherein vermeiden kann (Prävention).

In der Vergangenheit wurden Konflikte oft totgeschwiegen bzw. unterdrückt. Heute werden sie stärker akzeptiert und als Chance für positive Veränderungs-prozesse gesehen. Dazu muss man wissen, dass Konflikte **verdeckt** und **offen** auftreten können.

Ein **verdeckter** (*auch: latenter oder schwelender*) **Konflikt** ist erst auf den zweiten Blick erkennbar, z.B. durch eine Verschlechterung der Stimmung unter den Mitarbeitern. Verdeckte Konflikte sind Nährboden für Demotivation, Gerüchte oder gar Intrigen.

Beim **offenen** (*auch: manifesten oder klar ersichtlichen*) **Konflikt** werden die jeweiligen Standpunkte hingegen direkt mit der jeweiligen ‚Gegenpartei' ausgetragen.

Der Anlass eines Konfliktes ist selten seine Ursache.

Beispiel:
Zwei Mitarbeiter geraten wegen einer Kleinigkeit in heftigen Streit. Diese Kleinigkeit ist aber vermutlich nicht die Ursache: Mit großer Wahrscheinlichkeit haben die beiden ein viel tiefer liegendes Problem miteinander, das ‚verdeckt' schon länger besteht.

6.2.1 Beschwerden

Oft kündigen sich Konflikte durch **Beschwerden** an, welche die Mitarbeiter an den Vorgesetzten herantragen. Hier bietet es sich für Führungskräfte an, nach folgendem **Schema** vorzugehen:

a) *Die Beschwerde anhören:*
Der Vorgesetzte sollte die Beschwerde ernst nehmen und den Beschwerdeführer ausreden lassen, ohne sofort dazu Stellung zu nehmen. Nachdem er die Beschwerde kennt, muss er seine Kompetenzen überprüfen und im Zweifelsfall seinen eigenen Vorgesetzten hinzuziehen.

b) *Die Beschwerde prüfen:*
Um die Ursache der Beschwerde feststellen zu können, muss der Vorgesetzte sachliche Fragen stellen und die Zusammenhänge klären. Wenn weitere Personen in den Vorgang involviert sind, müssen die Ansichten der anderen Beteiligten angehört werden.

c) *Handeln:*
Nachdem der Vorgesetzte gründlich recherchiert hat, sollte er nach Möglichkeit Maßnahmen einleiten, die Abhilfe schaffen. Ist dieses nicht möglich, müssen die Gründe hierfür geklärt und Maßnahmen ergriffen werden, welche die Situation erleichtern.
Sollte die Beschwerde jedoch nachweislich ungerechtfertigt sein, muss der Vorgesetzte den Beschwerdeführer unter vier Augen zur Rede stellen.

d) *Weiter beobachten:*
Nach seinem Handeln beobachtet der Vorgesetzte, ob seine eingeleiteten Maßnahmen wirken und ob der Anlass, der zur Beschwerde geführt hat, ausgeräumt ist. Durch ein Gespräch mit dem Beschwerdeführer sollte er feststellen, ob dieser zufrieden gestellt ist. Anschließend bleibt zu prüfen, wie solche oder ähnliche Vorfälle zukünftig vermieden werden können.

Durch sicheren und fairen **Umgang mit Beschwerden** stärkt der Vorgesetzte das Vertrauensverhältnis zwischen seinen Mitarbeitern und sich selbst. Mit hoher Wahrscheinlichkeit kann es dem Vorgesetzten in der Folgezeit gelingen, durch eine funktionierende Kommunikation mit den Mitarbeitern Konflikte bereits im Vorfeld zu erkennen.
Konfliktvermeidung (Prävention) beginnt schon bei der Personalauswahl. Der Vorgesetzte sollte darauf achten, dass für bestimmte Aufgabenstellungen nur funktionierende Teams zusammengestellt werden, deren Teammitglieder miteinander harmonieren. Werden Verhaltensweisen oder fachliche Schwächen bei den Teammitgliedern erkannt, die zu Konflikten führen könnten, sollte er Personalent-wicklungsmaßnahmen in Form von Schulungen vorschlagen.

6.2.2 Strategien zur Konfliktlösung

Kommt es dennoch zum offenen Konflikt, muss sich der Vorgesetzte zwischen fünf **Konfliktlösestrategien** entscheiden. Diese Strategien wurden durch die Autoren Blake und Mouton in einer anschaulichen Übersicht zusammengestellt.

Abb. 26 - Die 5 klassischen Konfliktstile nach Blake / Mouton

viel Gewinner	**Nachgeben,** sich unterwerfen, auf eigene Ziele verzichten, Meinungsverschiedenheiten nicht hochspielen, glätten, harmonisieren	**Gemeinsame Problemlösung,** kreative Zusammenarbeit, trotz Widerständen und Rückschlägen eine beiderseits optimale Lösung finden wollen
Orientierung an den Zielen und Interessen des Konfliktpartners	**Kompromiss,** jeder rückt von seinen Maximalforderungen ab	
wenig Verlierer	**Vermeidung,** Flucht, Rückzug, gar nichts tun, Konflikte unter den Teppich kehren, "Kopf in den Sand"	**Durchsetzen,** Erzwingen, Ich oder Du, Drohung und Macht einsetzen
	wenig Verlierer	Orientierung an den eigenen Zielen und Interessen	viel Gewinner

Es lässt sich nicht pauschal sagen, welche Strategie die beste ist. Der Vorgesetzte muss entscheiden, welchen Stil er in welcher Situation anwendet.

Die **gemeinsame Problemlösung** wäre natürlich der „Königsweg", d.h. die beste und nachhaltigste Konfliktlösung. Alle Beteiligten tragen zur Lösung bei und fühlen sich als Gewinner („Win-Win Situation"). In der Praxis ist das zwar schwierig, aber keineswegs unmöglich.

Der **Kompromiss** kann als „zweitbeste" Lösung angesehen werden, denn hier müssen alle Konfliktparteien von ihrer Maximalforderung abrücken. Die Gefahr eines Kompromisses besteht darin, dass sich alle Konfliktparteien übervorteilt fühlen und den Kompromiss nur halbherzig umsetzen. *„Die Kunst des Kompromisses besteht darin, dass am Ende alle Parteien glauben müssen, das größte Stück vom Kuchen bekommen zu haben" (Henry Kissinger).*

Die **Vermeidung** des Konflikts bietet sich vorläufig dann an, wenn die Konfliktparteien im Moment emotional so stark „geladen" sind, dass sie keinen vernünftigen Gedanken fassen können. Dennoch muss der Konflikt weiter beobachtet und zu gegebener Zeit angesprochen werden.

Nachgeben sollte der Vorgesetzte dann ins Auge fassen, wenn die andere Konfliktpartei Macht über ihn besitzt. Dieses könnte z.B. bei einem Konflikt mit dem eigenen Vorgesetzten der Fall sein.

Durchsetzen ist z. B. in Krisensituationen erforderlich, wenn schnell und ohne Diskussion gehandelt werden muss. Hierzu zählt etwa das Durchsetzen von Sicherheitsbestimmungen am Arbeitsplatz.

6.3 Mitarbeitergespräche

Mitarbeitergespräche entsprechen den Bedürfnissen der Mitarbeiter nach Kontakt und Information, denn sie stellen eine wichtige Orientierungshilfe dar. Sie spielen eine wichtige Rolle in der Personalentwicklung. Umso wichtiger ist es, dass sie dem Ziel entsprechend professionell vorbereitet, durchgeführt und nachbereitet werden.

Mitarbeitergespräche werden zwischen der Führungskraft und einzelnen Mitarbeitern unter vier Augen geführt. Anlässe für ein Mitarbeitergespräch können sein:

- *Zielvereinbarungsgespräche (Management by Objectives)*
- *Beurteilungsgespräche (siehe Kapitel 5.5.3.2)*
- *Personalentwicklungsgespräch (Karriereplanung)*
- *Mitarbeiterbewertung (Anerkennung und Kritik)*
- *Krankenrückkehrgespräch*
- *Austrittsgespräche (z.B. bei Kündigung)*
- *Konfliktgespräch (siehe Kapitel 6.1)*

Regelmäßige Mitarbeitergespräche dienen dem Austausch von Informationen und geben gleichzeitig dem Mitarbeiter ein Feedback, damit dieser weiß, wie seine Führungskraft ihn sieht. Die Beziehung zwischen Mitarbeiter und Führungskraft kann durch diese Gespräche intensiviert werden. Je nach Anlass dienen sie der Festlegung zukünftiger Ziele und können genutzt werden, um Kritik und Anerkennung zu vermitteln.
Daneben können solche regelmäßigen Gespräche helfen, Vertrauen zu schaffen und die Motivation zu fördern.

Seine **soziale Kompetenz** in solchen Gesprächen muss der Vorgesetzte dadurch beweisen, dass er jeden einzelnen Mitarbeiter auf geeignete Weise behandelt, in überlegten Worten Leistungen anerkennt und konstruktive Kritik übt.

Und genau hier kommt die **kommunikative Kompetenz** des Vorgesetzten ins Spiel, nämlich seine **Wortwahl, Sprache, Gestik und Mimik**.
Um sein Gesprächsziel erreichen zu können, muss sich der Vorgesetzte darüber im Klaren sein, dass sich Kommunikation auf mehreren Ebenen abspielt. Diese Ebenen lassen sich sehr gut anhand des **TALK- Modells** aufzeigen:

Abb. 27 - Das TALK-Modell

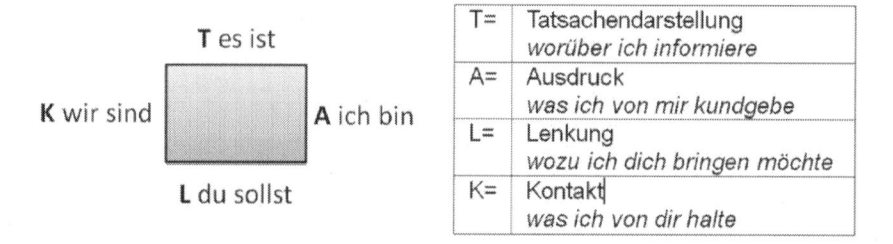

T es ist
K wir sind   **A** ich bin
L du sollst

T=	Tatsachendarstellung
	worüber ich informiere
A=	Ausdruck
	was ich von mir kundgebe
L=	Lenkung
	wozu ich dich bringen möchte
K=	Kontakt
	was ich von dir halte

Bei der **Tatsachen**darstellung spielt die Sachebene die Hauptrolle. Hier werden Ergebnisse der erbrachten Leistungen besprochen und Ursachen für Soll-Ist-Abweichungen analysiert. Im Zusammenhang mit dem **Ausdruck** spricht die Führungskraft Anerkennung bzw. Kritik aus. Wichtig ist, dass dieses authentisch geschieht, denn das Gesagte muss mit dem nonverbalen Verhalten (Körpersprache, Gestik, Mimik usw.) übereinstimmen. Ist dieses nicht der Fall, wird der Gesprächspartner skeptisch. Die Ebene der **Lenkung** bezieht sich zum einen auf den gezielten Gesprächsverlauf und zum anderen auf die Beeinflussung des Arbeitsverhaltens des Mitarbeiters. Der Punkt **Kontakt** spiegelt die **Beziehungsebene** der Gesprächspartner und das Gesprächsklima wider. Wichtig für einen erfolgreichen Gesprächsverlauf ist, dass die Führungskraft dem Mitarbeiter ein hohes Maß an Respekt signalisiert.

Es existieren anlassabhängige und -unabhängige Mitarbeitergespräche. In der Praxis werden häufig folgende vier Typen genutzt, die der **Personalentwicklung** dienen:

- Zielvereinbarungsgespräch
- Beurteilungsgespräch
- Feedback-Gespräch
- Fördergespräch

6.3.1 Zielvereinbarungsgespräch

Diese Art von Gesprächen wird im Zusammenhang mit dem „*Management by Objectives- Konzept*" geführt. Bei diesem Konzept vereinbaren Vorgesetzter und Mitarbeiter konkrete Ziele miteinander. Diese werden für einen bestimmten Zeitraum festgelegt. Dabei soll die Zielfindung möglichst gemeinschaftlich stattfinden, damit sich der Mitarbeiter auch daran gebunden fühlt.

6.3.2 Beurteilungsgespräch

Es ist ratsam, dass der Vorgesetzte seine Mitarbeiter in größeren Zeitabständen (meist einmal im Jahr) anhand festgelegter Kriterien ‚offiziell' und schriftlich beurteilt – im Kapitel 5.5.3.2 wurde die dazu empfehlenswerte Gesprächsführung bereits vorgestellt.
Zur Personalbeurteilung gibt es auch einige gesetzliche Bestimmungen: Viele **Tarifverträge** sehen eine regelmäßige Leistungsbeurteilung zwingend vor. Diese Beurteilungsverfahren sind für tarifgebundene Unternehmen verbindlich.

6.3.3 Feedback-Gespräch

Feedback-Gespräche finden mehrmals jährlich formell oder informell statt. Sie können bei Bedarf auch monatlich oder gar wöchentlich durchgeführt werden. Ziel dieser Gespräche ist es, dass Führungskraft und Mitarbeiter gemeinsam Leistungen, Erfolge und Fehler besprechen. Der Vorteil von Feedback-gesprächen ist, dass der Mitarbeiter ein evtl. fehlerhaftes Verhalten zeitnah korrigieren kann, da ihm genau mitgeteilt wird, was man von ihm erwartet.

6.3.4 Potenzialbeurteilung und Fördergespräche

Bei Fördergesprächen steht die Entwicklung des Mitarbeiters im Vordergrund. Sie sollen ihm aufzeigen, welches **Potenzial** (Begabung und Entwicklungsmöglichkeit) man bei ihm erkannt hat und wie dieses Potenzial aus Sicht des Vorgesetzten gefördert werden kann. Solche Gespräche sind Teil der betrieblichen Personalentwicklung und sollten unbedingt auch die Bereitschaft des Mitarbeiters überprüfen, sich fördern zu lassen. Ist nämlich ein Mitarbeiter mit seiner derzeitigen Situation im Betrieb sehr zufrieden, macht es wenig Sinn, ihn in teure Förderprogramme aufzunehmen, die er gar nicht will.

6.3.5 Rückkehrgespräch

Wer längere Zeit krank war (entweder ‚am Stück' oder durch gehäuft auftretende kürzere Fehlzeiten), wird in vielen Betrieben zu einem ‚Rückkehrgespräch' eingeladen. Ziel dieses Gesprächs ist es, dem Mitarbeiter zu verdeutlichen, wie wichtig er für die Abteilung ist und dass seine Abwesenheit für die Kollegen eine zusätzliche Belastung darstellt.
Wichtig ist, dass der Vorgesetzte es vermeidet, den Mitarbeiter mit direkten Schuldzuweisungen zu konfrontieren – wer krank war, war eben krank.
Man kann sich jedoch nach den Ursachen der Fehlzeiten erkundigen, z.B. danach, ob seine Arbeit im Betrieb zu der Fehlzeit beigetragen hat. Verhält sich der Mitarbeiter nicht kooperativ, sollte der Vorgesetzte ihm die Folgen seines Verhaltens für die Abteilung bzw. eventuell auch für ihn selber aufzeigen.

6.3.6 Kritikgespräch

Ein Kritikgespräch ist ein Mitarbeitergespräch wie jedes andere und sollte deshalb nicht überbewertet werden. Um jedoch überhaupt Kritik üben zu können, müssen bestimmte Voraussetzungen vorhanden sein. So muss ein Maßstab für die geleistete Arbeit existieren und allen Beteiligten bekannt sein, damit ein Soll-Ist-Vergleich möglich ist und die Abweichung klar benannt werden können. Die Führungskraft muss darauf achten, dass sich die Kritik auf die Arbeitsleistungen und nicht auf die Person des Mitarbeiters bezieht.

6.3.7 Ablauf von Mitarbeitergesprächen

Der Ablauf und damit der wahrscheinliche Erfolg eines Mitarbeitergesprächs kann vom Vorgesetzten meist schon vorher geplant und abgeschätzt werden. Dazu müssen die Rahmenbedingungen (**äußeren Bedingungen**) gesprächsfördernd gestaltet werden.

Dies erreicht die Führungskraft dadurch, dass der Mitarbeiter im Vorfeld ausführlich über die wichtigsten Rahmenbedingungen des anstehenden Gesprächs informiert wird. Diese lauten:

- *Ziele*
- *Zeitpunkt*
- *Ort*
- *Spielregeln*

Der **Gesprächsinhalt** ist stark abhängig von der Struktur des Gesprächs. Man unterscheidet **vollstrukturierte** Gespräche, **freie** Gespräche und **teilstrukturierte** Gespräche. Vollstrukturierte Gespräche (z.B. in Checklistenform) bieten aufgrund ihrer hohen Standardisierung gute Vergleichsmöglichkeiten der Gesprächsinhalte. Da freie Gespräche keiner Standardisierung unterliegen, besteht hier die Gefahr des Verlusts des Zielbezugs. Teilstrukturierte Gespräche verbinden die Vorteile von vollstrukturierten und freien Gesprächen.

Ein professionell geführtes **Mitarbeitergespräch unter vier Augen** sollte folgende Phasen beinhalten:

Phase 1: Kontaktaufnahme
Schaffung eines positiven Kontakts zwischen Führungskraft und Mitarbeiter. Dieses Ziel wird in der Regel durch angenehme Rahmenbedingungen und ein wenig ‚Smalltalk' erreicht. In dieser Phase sollte die Führungskraft insbesondere Übereinstimmungen und Gemeinsamkeiten hervorheben.

Phase 2: Informationsaustausch
Die Führungskraft erläutert die Ziele, den Inhalt und den Ablauf des Gesprächs. Der Mitarbeiter schildert seine Ansichten und Belange.

Phase 3: Argumentation
In dieser Phase werden Argumente ausgetauscht. Wichtig ist hierbei, dass dem Mitarbeiter ein ausreichender Gesprächsanteil eingeräumt wird und die Führungskraft aktiv zuhört (das „Gesagte" muss nicht unbedingt mit dem „Gemeinten" übereinstimmen). Der Mitarbeiter erhält durch die Führungskraft entsprechendes Feedback (Rückmeldung).

Phase 4: Beschluss
Führungskraft und Mitarbeiter fassen das Wichtigste noch einmal zusammen, legen zunächst mündlich die gemeinsamen Ziele bzw. Vereinbarungen fest und einigen sich auf eine festgelegte Vorgehensweise, um diese zu erreichen.

Phase 5: Abschluss
Auch hier sollte, wenn möglich, wieder eine positive Atmosphäre geschaffen werden. Beide Gesprächspartner reflektieren gemeinsam das Gespräch (und schließen evtl. eine Zielvereinbarung ab, die von beiden Beteiligten unterschrieben wird).

Phase 6: Gesprächsnachbereitung
Zunächst einmal reflektiert die Führungskraft für sich selbst den Gesprächs-verlauf und dokumentiert kurz das Ergebnis, z.B. durch eine Aktennotiz. In der Folgezeit werden die Vereinbarungen umgesetzt und kontrolliert.

6.4 Betriebliche Besprechungen (Meetings)

Betriebliche Besprechungen (oft auch als Meetings bezeichnet) unterscheiden sich von Mitarbeitergesprächen vor allem durch die Anzahl der beteiligten Personen (mehrere oder gar alle Mitarbeiter eines Arbeitsbereiches).

Besondere Varianten einer Besprechung können sein:

- **Briefing** (kurze Einsatzbesprechung, z.B. auf einer Baustelle), wobei noch einmal alle an die vorher besprochenen Abläufe erinnert werden
- **Jour Fix** (regelmäßige Besprechung an einem festgelegten Tag zu einer festgelegten Stunde, z.B. immer am Freitag um 10 Uhr)

Da Besprechungen Zeit beanspruchen und damit Kosten verursachen, muss sich die Führungskraft im Vorfeld über deren **Zweck** Gedanken machen. Es ist nämlich schon ein Unterschied, ob der Vorgesetzte durch eine Besprechung **informieren** möchte, **Informationen** zu **bekommen** beabsichtigt oder eine **Problemlösungsbesprechung** durchführt.
Möchte er informieren (z.B. seine Mitarbeiter einweisen), wird von ihm erwartet, dass er die Informationen verständlich darbietet und Fragen beantwortet. Hat der Vorgesetzte das Ziel Informationen von seinen Mitarbeitern zu gewinnen (z. B. in Form von **Brainstorming**), muss er diese zur Ideenproduktion anregen und aktiv zuhören. Eine Problemlösungsbesprechung beinhaltet Informationsweitergabe und Informationsgewinnung im Zusammenhang mit Diskussionen, die vom Vorgesetzten moderiert und gelenkt werden müssen.

Vorbereitung von Besprechungen

Der Besprechungserfolg ist zum großen Teil von der Vorbereitung abhängig. Auch hier können gute **Rahmenbedingungen** (freundlicher Raum, Kaffee), eine gut vorbereitete **Agenda** (Tagesordnung), ein **Zeitplan** sowie vor allem **ein gut vorbereiteter Vorgesetzter** zum Erfolg beitragen.

Kurze Checkliste für Besprechungen

- *Thema (Was?)*
    - *Wurde das Thema für die Teilnehmer verständlich formuliert?*
    - *Wurden konkrete Einzelthemen festgelegt?*
    - *Wie sieht die Agenda (Tagesordnung) aus?*
- *Personen (Wer?)*
    - *Welcher Personenkreis soll teilnehmen?*
    - *Ist die Gruppengröße richtig gewählt?*
- *Organisation (Wo? Wann? Wie?)*
    - *Zu welchem Zeitpunkt und an welchem Ort soll die Besprechung stattfinden?*
    - *Sind der vorgesehene Raum und die geplante Sitzordnung geeignet?*
    - *Zu welchem Zeitpunkt und auf welchem Weg soll den Teilnehmern der Termin mitgeteilt werden?*
    - *Wer protokolliert die Besprechungsergebnisse?*
    - *Werden Medien (z.B. Beamer, Tafel) benötigt?*
    - *Sind sonstige Vorbereitungen vor der Besprechung notwendig (z.B Kopien für die Teilnehmer)?*
- *Nachbereitung (Wer? Bis wann? Verteiler?)*
    - *Wie werden die Ergebnisse zusammengefasst?*
    - *Auf welche Art und wann sollen die Ergebnisse den Teilnehmern übermittelt werden?*
    - *Wie und von wem soll überwacht werden, dass die Ergebnisse der Besprechung fristgerecht umgesetzt werden?*

Anhang A Quellenverzeichnis der Tabellen und Abbildungen

Bei eindeutiger Quellenlage werden die Quellen näher bezeichnet und mit einem Hinweis auf das Literaturverzeichnis versehen. Ansonsten gilt:

Autoren Die Autoren haben die Tabelle oder Abbildung selbst erstellt.

FZQ Grundlage waren frei zugängliche Quellen aus dem Internet (Wikipedia, Foren, Blogs, etc.) ohne erkennbare Urheberschaft und ohne ausdrückliche und/oder erkennbare Urheberrechte.

Kapitel 1
Tab. 1	Autoren
Abb. 1	Autoren / FZQ, Anlehnung an: Krause, a.a.O.
Abb. 2	Autoren / FZQ
Tab. 2	Autoren / FZQ
Abb. 3	Autoren
Abb. 4	Institut der Deutschen Wirtschaft; Ursprungsdaten: Statistisches Bundesamt und BA

Kapitel 2
Tab. 3	Unternehmenskulturtypen nach Handy, a.a.O., S. 404-406 in Anlehnung an: Harrison a.a.O., S. 119-123
Abb. 5	Autoren
Abb. 6	Autoren
Abb. 7	Autoren / FZQ
Abb. 8	Autoren
Abb. 9	Autoren / FZQ, Anlehnung an Krause, a.a.O.
Abb. 10	Autoren
Abb. 11	FZQ (Wikipedia)
Tab. 4	Autoren
Abb. 12	Autoren / FZQ
Abb. 13	Autoren / FZQ
Abb. 14	Autoren / FZQ
Abb. 15	FZQ (Wikipedia)
Abb. 16	Autoren

Kapitel 3
Abb. 17	Autoren
Abb. 18	Autoren
Abb. 19	Autoren / FZQ
Abb. 20	FZQ, Tuckman, in Anlehnung an: Krause, a.a.O.
Tab. 6	Autoren / FZQ, Tuckman, in Anlehnung an: Krause, a.a.O.
Abb. 21	FZQ

Kapitel 4

Abb. 22	*Autoren*
Abb. 23	*Autoren / FZQ, Blake / Mouton, in Anlehnung an Schumann, a.a.O.*
Tab. 7	*Autoren / FZQ*

Kapitel 5

Abb. 24	*Autoren / FZQ*
Abb. 25	*Autoren / FZQ*
Tab. 8	*Autoren*
Abb. 26	*Autoren*
Abb. 27	*Autoren*
Abb. 28	*FZQ / IG Metall, Anlehnung an: MTV-Beurteilungsbogen*
Abb. 29	*Autoren / FZQ*
Tab. 9	*Autoren*

Kapitel 6

Abb. 30	*Autoren / FZQ, Blake / Mouton, in Anlehnung an Krause, a.a.O.*
Abb. 31	*Autoren / FZQ, Neuberger, in Anlehnung an: Schumann, a.a.O.*

Anhang B Literaturverzeichnis

Bueb, Bernhard: Von der Pflicht zu führen. Neun Gebote der Bildung. Ullstein Verlag, Berlin, 1.Auflage 2009. ISBN 978-3-548-37309-6.

Dickemann-Weber, Birgit und Weber, Dirk: Tabellenbuch Zusammenarbeit im Betrieb für die Prüfung zum Industriemeister (IHK). Verlag Dickemann-Weber 2011, ISBN 978-3-943772-00-5

Hännsler, Karl-Heinz (Hrsg.): Management in der Hotellerie und Gastronomie, Betriebswirtschaftliche Grundlagen. Oldenbourg Wissenschaftsverlag 2011, ISBN 978-3-486-70448-8, S.250

Handy, Christian: Zur Entwicklung der Unternehmenskultur einer Unternehmung durch Management-Development-Methoden, in: Zeitschrift für Organisationen, 47. Jg. 1978, S. 404-410

Harrison, Richard: Understanding your organisation's character, in: Harvard Business Review, 50. Jg. (3) 1972, S. 119-128

Knoll, Jürgen: Kleingruppenmethoden. Beltz-Verlag, Weinheim und Basel, 1.Auflage 1999. ISBN 3-407-36309-5

Krause, Günter: Zusammenarbeit im Betrieb, in: Die Prüfung der Industriemeister. Basisqualifikation. Kiehl Verlag, 6.Aufl. 2008, S. 347-449

Krause, Günter: Zusammenarbeit im Betrieb, Textband des DIHK-Bildungs-GmbH zur Vorbereitung auf die Industriemeisterprüfungen in der Basisqualifikation. DIHK, 2.Aufl. 2008

Martin, Joyce: Personalmanagement. Nach dem Modell der vielfachen Intelligenzen. BW Bildung und Wissen Verlag und Software, 1.Auflage 2001, ISBN 3-8214-7610-9

Metzinger, Adalbert: Arbeit mit Gruppen. Ein Einführungsbuch. Lambertus-Verlag, Freiburg i.Br., 2.Auflage 1996. ISBN 3-7841-1209-9

Mutzeck, Wolfgang: Kooperative Beratung. Grundlagen und Methoden der Beratung und Supervision im Berufsalltag. Beltz-Verlag, Weinheim und Basel, 5. aktualisierte Auflage, 2002. ISBN 3-407-22175-4

Olfert, Klaus (Hrsg.): Personalwirtschaft. In: Kompendium der praktischen Betriebswirtschaft. Kiehl Verlag, 12.Auflage 2006, ISBN 978-3-470-54382-6

Schumann, Georg e.a.: Aufstieg zum Industriemeister: Zusammenarbeit im Betrieb, Europa Lehrmittel Verlag 2005, ISBN 978-3-8085-8085-5

Spies, *Helmut*: Führungsaufgaben des Meisters, Mamen Verlag 1991, ISBN 3-70144-01-9, Rechte bei Marcus Maußner

Vopel, *Klaus*: Anfangsphase. Experimente für Lern- und Arbeitsgruppen. Iskopress, Salzhausen, 2.Auflage 1995. ISBN 3-89403-141-7

Die Werke von **Friedemann Schulz von Thun**, **Eric Berne** oder **W.Schley** sind inzwischen gleichsam „Allgemeingut" geworden und wurden in der Sekundärliteratur oft sehr treffend kommentiert und verfeinert. Dennoch lohnt sich ein Blick in die Originale.

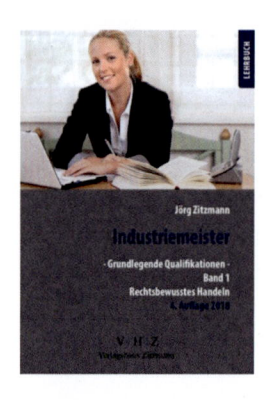

Jörg Zitzmann

Lehrbuch Industriemeister: Grundlegende Qualifikationen Band 1: Rechtsbewusstes Handeln

105 Seiten, Taschenbuch (14,8 x 21,1 cm)
4. Auflage 2018
ISBN Print 978-3-96155-077-7, 29,95 €
ISBN eBook 978-3-96155-080-7, 19,95 €

Tarkan Bülbül, Stefan Merz

Lehrbuch Industriemeister: Grundlegende Qualifikationen Band 2: Betriebswirtschaftliches Handeln

146 Seiten, Taschenbuch (14,8 x 21,1 cm)
2. Auflage 2017
ISBN Print 978-3-96155-026-5, 29,95 €
ISBN eBook 978-3-96155-027-2, 19,95 €

Pierre Tamke

Anwenden von Methoden der Information, Kommunikation und Planung für Industriemeister: Grundlegende Qualifikationen Band 3

166 Seiten, Taschenbuch (14,8 x 21,1 cm)
1. Auflage 2019
ISBN Print 978-3-96155-111-8, 29,95 €
ISBN eBook 978-3-96155-112-5, 19,95 €

Literaturverzeichnis

Tarkan Bülbül

Übungsbuch Industriemeister: Grundlegende Qualifikationen Band 2: Betriebswirtschaftliches Handeln

182 Seiten, Taschenbuch (14,8 x 21,1 cm)
2. Auflage 2017
ISBN Print 978-3-96155-028-9, 27,95 €
ISBN eBook 978-3-96155-034-0, 22,95 €

Markus Maußner

Übungsbuch Zusammenarbeit im Betrieb für Industriemeister: Grundlegende Qualifikationen Band 4

197 Seiten, Taschenbuch (14,8 x 21,1 cm)
1. Auflage 2019
ISBN Print 978-3-96155-079-1, 25,95 €
ISBN eBook 978-3-96155-123-1, 19,95 €

Jörg Zitzmann (Hrsg.)

Gesetzessammlung für Industriemeister: Grundlegende Qualifikationen und Ausbildereignungsprüfung gem. AEVO:

437 Seiten, Taschenbuch (14,8 x 21,1 cm)
7. Auflage 2020
ISBN Print 978-3-96155-152-1, 18,95 €
ISBN eBook 978-3-96155-153-8, 12,95 €

Weiterbildung geht heute anders.

Nutzen Sie unser Lehrgangsangebot:

MISSION: WEITERBILDUNG.

Wir bieten Ihnen folgende Lehrgänge:

- Betriebswirt (HwO)
- technischer Betriebswirt
- Wirtschaftsfachwirt
- Industriefachwirt

Jetzt informieren:

www.mission-weiterbildung.de

MISSION: MEISTER.

Bereiten Sie sich einfach, bequem und erfolgreich direkt online auf Ihre Meisterprüfung vor:

- Industriemeister Chemie
- Industriemeister Metall
- Industriemeister Elektrotechnik
- Logistikmeister

Jetzt informieren:

www.mission-meister.de

V | H | Z
Verlagshaus Zitzmann

Erfolg in der Prüfung beginnt mit der richtigen Literatur. Bei uns finden Sie:

Lehr- und Übungsbücher (auch als Ebooks und Hörbücher)
Karteikarten (analog und digital)

Jetzt informieren:

www.verlagshaus-zitzmann.de